Duden Das *Lieblings*wörterbuch

Duden

Das *Lieblings*wörterbuch

Die schönsten und persönlichsten Wörter prominenter Menschen

Herausgegeben
von der Dudenredaktion

Dudenverlag
Mannheim · Zürich

Bibliografische Information der Deutschen Nationalbibliothek
Die Deutsche Nationalbibliothek verzeichnet diese Publikation in der Deutschen Nationalbibliografie; detaillierte bibliografische Daten sind im Internet über http://dnb.d-nb.de abrufbar.

Bibliographisches Institut GmbH
Dudenstraße 6, 68167 Mannheim

Lektorat Heike Pfersdorff, Anette Auberle
Herstellung Monika Schoch
Typografie Farnschläder & Mahlstedt, Hamburg
Umschlaggestaltung WohlgemuthPartners
Neue Kommunikation, Bremen
Druck und Bindung Freiburger Graphische Betriebe
GmbH & Co. KG, Bebelstraße 11, 79108 Freiburg

Printed in Germany
ISBN 973-3-411-70107-0
www.duden.de

Vorwort

Als das traditionsreichste Verlagshaus für Wörterbücher im deutschsprachigen Raum beschäftigen wir uns oft mit nüchternen Dingen: mit korrekter Schreibung, mit sprachlichen Regeln und Normen. Zugleich liegt uns die Freude an der Sprache, an ihren sozialen und kreativen Möglichkeiten, sehr am Herzen!

Am 1. August 2011 jährt sich der Todestag von Konrad Duden, dem „Vater der deutschen Rechtschreibung", zum 100. Mal. Zu diesem Anlass bringen wir einen ganz außergewöhnlichen Duden heraus, der die Sprache feiert: Er enthält die Lieblingswörter besonderer Persönlichkeiten und ist damit eine Sammlung der schönsten, persönlichsten, klügsten, witzigsten, emotionalsten, verrücktesten, irritierendsten, poetischsten Wörter geworden, die die deutsche Sprache zu bieten hat. Von *Abendbrot* – dem Lieblingswort von Bettina Böttinger, die damit harmonische Kindheitserinnerungen verbindet – bis zur *Zuversicht* Kardinal Lehmanns, für ihn ein „Schlüsselwort zwischen Denken und Glauben, Emotion und Handeln". Über hundert prominente Persönlichkeiten reflektieren über Sprache und Dialekt, über Wörter wie *Hingabe, Güte* und *Freimut* oder einfach über *Schoko-*

lade: Klingt gut, schmeckt gut und bringt Frank Schätzing auf Ideen.

Den Reinerlös aus dem Verkauf der Bücher wird der Verlag einem Projekt zugutekommen lassen, das all denen den schreibenden und lesenden Zugang zur deutschen Sprache ermöglichen will, denen er bislang verwehrt ist: der Alphabetisierungskampagne des Bundesverbands Alphabetisierung und Grundbildung e. V.

Mannheim, im Herbst 2011
Die Dudenredaktion

Abendbrot, das

Wenn ich an meine Kindheit zurückdenke, war das Abendbrot (meistens) ein ruhiger Ausklang des Tages. Danach kam für die Erwachsenen nur noch Fernsehen ... Abendbrot: ein Wort, das mittlerweile geradezu altmodisch klingt. Die Welt schien in Ordnung, wenn Käse, Wurst, Butter, Brot und – nicht zu vergessen – die kleinen Gürkchen auf dem Tisch standen. Und natürlich gehört ein Tisch dazu, um den herum gesessen wurde. In meiner Kindheit beteten meine Großeltern vor diesem gemeinschaftlichen Essen: „Gib uns unser täglich Brot." Es klingt Dankbarkeit mit und Wertschätzung dessen, was man isst. Ich finde, Abendbrot ist ein schönes deutsches Wort. Es klingt durch die tiefen Vokale nach Ruhe – und für mich nach gestern. Abendbrot: Das spielte eindeutig in der Zeit vor der Erfindung des Pizzaservice.

BETTINA BÖTTINGER

Abitürke, der

Türke bzw. Deutscher türkischer Herkunft, der das Abitur gemacht hat. Der Begriff wird vornehmlich von Türkischstämmigen verwendet, die selbst kein Abitur haben, und hat eine negative Konnotation.

CEM ÖZDEMIR

Amöbe, die

Als ich Lesen und Schreiben gelernt hatte, nahm ich mir häufig die Tageszeitung meines Großvaters und suchte nach „schönen“ Wörtern. So fand ich damals u. a. das Wort AMÖBE, das so wunderbar über die Lippen kam – leider falsch ausgesprochen: „Aa-möö-beee“. Jahre später, im Biounterricht, hatte ich erneut Spaß an den wuseligen Scheinfüßlern, die trotz ihrer Winzigkeit ein beeindruckendes Durchsetzungsvermögen haben! Und nochmals viele Jahre später hielt die Amöbe Einzug als kleinstes Teilchen in eines meiner Lieder: „Auch die Dinos starben aus“ (aus der CD „Wenn ich doch ein Wolf wär“, 1992).

JOANA

Angst, die

Denn die Aussprache gibt das runterschluckende Gefühl vortrefflich wieder, das herrscht, wenn man die Empfindung hat.

BENJAMIN LEBERT

Aprosdokese, die

Ihr habt mich vor die schwerste Aufgabe seit langer Zeit gestellt: Ein Lieblingswort! Für die Top-Ten-Liste habe ich schon zwei Wochen gebraucht, aber nur ein Wort geht gar nicht. Zwei müssen es einfach sein dürfen. Es fiel mir schon schwer genug, auf mein aktuelles Lieblingswort zu verzichten, das sich in Bodo Mrozeks Buch der bedrohten Wörter findet: ein Olf. Das ist eine Geruchsmaßeinheit und bezeichnet den Körpergeruch eines Durchschnittsmenschen mit 1,8 qm Hautoberfläche, der 0,7-mal am Tag duscht und täglich die Wäsche wechselt. Auch von der Imponderabilie mochte ich mich eigentlich nicht trennen, aber sei's drum:

Mein Lieblingswort Nummer eins ist die Aprosdokese, die Anwendung eines Aprosdoketons als Stilmittel. Das Aprosdoketon wiederum ist ein unerwartetes, auffälliges Wort oder eine Redewendung anstelle einer geläufigen. Beispiele: „devital" statt „tot", oder anstelle von „in den Bergen" „im montanen Milieu". Das Aprosdoketon ist natürlich häufig ein Fremdwort und das führt uns geradewegs zu meinem zweiten Leib-und-Magen-Terminus: dem ↑ Malapropismus.

JÜRGEN VON DER LIPPE

aufmüpfig

Diesem Wort wohnt ein kindlich-revolutionärer Geist inne. Es hat etwas Humorvoll-Knatschiges und schließt auch das mögliche Scheitern bei der Durchsetzung eigener Ziele mit ein, da sie nicht mit der nötigen Vehemenz in die Welt getragen werden. In der kleinen Aufmüpfigkeit wohnt aber schon die Idee der großen Revolution.

HAPE KERKELING

Bayern

Weil Heimat, Lebensgefühl und Berufung.

DJANGO ASÜL

besonders

Gib auf sagt der Wächter
An der Tür zum Paradies
Ich sage nein
Ich sage nein
Gib auf sagt der Henker
Im finsteren Verlies
Ich sage nein
Das darf nicht sein

Ich nehme meinen Lauf
Ich gebe niemals auf
Ergebe keinen Sinn
Wenn ich leugne was ich bin

Ich bin besonders
Ich geh nicht in die Allgemeinheitsfalle
Ich bin besonders
Besonders wie genau betrachtet alle

Gib auf sagt der Tempel
Du bist nur eine Säule
Ich sage nein
Ich sage nein
Gib auf sagt der Schläger
Und schwingt die Baseballkeule
Ich sage nein
Ihr kriegt mich nicht klein

Es ist und bleibt ein Kampf
Mit Schmerz und Pulverdampf
Und wenn es Siege gibt
Dann nur für den der sie nicht liebt

Ich bin besonders
Ich geh nicht in die Allgemeinheitsfalle
Ich bin besonders
Besonders wie genau betrachtet alle

Wir alle sind schon irgendetwas wert
Keiner der am Leben ist
Ist durch und durch verkehrt
So viele Widersprüche in uns drin
Es dauert viele Leben lang
Zu sagen was ich bin

Wir sind besonders
Da gibt es doch kein Oder und Entweder
Wir sind besonders
Besonders wie genau betrachtet jeder

bi der Hecken

Der Ausdruck „bi der Hecken“ wurde in unserer Familie gern verwendet, wenn es gutes Essen gab. Dann sagte unsere Großmutter und später unsere Mutter in die Runde: „Nicht wahr, jetzt seid ihr wieder ‚bi der Hecken‘!“

Der Ausdruck kommt aus den Zeiten der Feldarbeit. Die anstrengenden Arbeiten auf dem Felde machten hungrig und durstig. Wenn die Mittagszeit nahte, zog es den Bauern mit seinen Tagelöhnern zur Hecke, wo im Schatten der Korb mit deftigen Broten und die Kanne mit Kaffee standen. Wenn die Aussicht auf Essen und Trinken bestand, dann waren die Feldarbeiter also „bi der Hecken“.

Im übertragenen Sinne wurde der Begriff dann später auch in anderen Situationen verwendet, in denen man gerne dabei war, wenn einem etwas zugutekam.

KLAUS LIEB

Blitzgneißer

Ein Wort der österreichischen Umgangssprache, das mich schon bei der ersten Begegnung fasziniert hat: Lichthelle Vokale verbinden sich mit einem scharfen Konsonantismus und untermalen die Bedeutungseinheit von Klarsicht und Schnelligkeit – wesentlich stärker als beim synonymen „Schnellmerker". Es tut meiner Begeisterung keinen Abbruch, dass auch die österreichische Bezeichnung fast nur ironisch gebraucht wird. Ironie ist das maßvoll verwendete, wohltuende Chiligewürz der Sprache.

WERNER SCHOLZE-STUBENRECHT

blümerant

Ein Wort, das einen Zustand beschreibt, den es zu erhalten gilt: Leicht schwindelig, etwas schwächelnd, eine Art elegantes Schweben in einem Zwischenraum von Erde und Himmel – für mich ein Gefühl, bei dem ich auf neue Ideen kommen kann, eine Art Tür in die Unterwelt des Wachseins, ein Sich-hinlegen-Müssen und Erst-einmal-Innehalten, der Abend lau, mir ist so blümerant. Wo ist die Chaiselongue?

JUTTA GLASER

das / dass

Mein Lieblingswort der deutschen Sprache ist das „das“. Oder eben das „dass“. Faszinierend, wie viele Menschen sich mit so wenigen Buchstaben beschäftigen können. 1 540 000 000 Einträge in 0,05 Sekunden bei Google für einen Buchstaben mehr oder weniger. Ich persönlich vermisse das gute „ß“, welches zu erwähnen mir wichtig ist …

JOHANNES B. KERNER

Demut, die

Demut ist ein Wort, das wir viel zu wenig benutzen. Auch ich vergesse es oft. Als ob Demut mit Schwäche gleichzusetzen wäre. Wem gegenüber soll ich Demut zeigen? Gott? Der Natur? Meinem Partner? Dem Moment?

Demut ist eine Lebenseinstellung, eine Übung, ein Bewusstsein! In Demut nehmen wir eine andere Perspektive ein, fällen wir andere Entscheidungen. In Demut sähe unsere Beziehung, unser Leben, unsere Welt anders aus!

IRINA VON BENTHEIM

doch

Aus „Planet Germany" von Eric T. Hansen, Fischer Taschenbuch Verlag 2007

Doch, doch.

Ein solches Wort kann man im Englischen lange suchen. In uralter deutscher Tradition ist es ein negatives Wort, das sich wie ein positives Wort anhört.

„Doch" steht für die deutsche Lust an Widerspruch, Einspruch, Gerechtigkeitssinn, Sturheit und Verweigerung. Es beendet gnadenlos die kompliziertesten Argumentationsketten. Es ist die rhetorische Wunderwaffe, die immer noch funktioniert; es ist ein Joker, den man jederzeit ausspielen kann. „Das letzte Stück Kuchen willst du nicht, oder?" „Doch, doch."

Um etwas auszudrücken wie: „Ich will dir nicht zu nahe treten, doch irgendwie riechst du komisch", müssen wir Englischsprachigen gleich den viel platteren, negativen Begriff „aber" benutzen. „Doch" gibt dem Deutschen die Möglichkeit, „aber" zu sagen, ohne gleich negativ zu klingen.

Und: „doch" ist effizient. Wenn sich zwei kleine Amerikaner streiten, benötigen sie mindestens zwei Worte, um Widerspruch auszudrücken:

„You're a monkey's butt!"

„I am not!“

„You are too!“

„Am not!“

„Are too!“

„Am not!“

„Are too!“

„Am not!“

„Are too!“

„Am not!“

„Are too!“

„Am not!“

Nicht so deutsche Kinder. Anstatt „Are too!“ brauchen sie nur ein Wort:

„Du bist ein Affenarsch!“

„Bin ich nicht!“

„Doch!“

„Nein!“

„Doch!“

„Nein!“

„Doch!“

„Nein!“

„Doch!“

„Nein!“

„Doch!“

Das nenne ich Eleganz.

ERIC T. HANSEN

Doch!

Nach fast zwei Jahren [als Botschafter der Vereinigten Staaten, die Red.] in Deutschland schleichen sich immer mehr deutsche Wörter in das Familienleben der Murphys ein. Und für das deutsche Wort, das man bei uns während des Abendessens am häufigsten hört, gibt es keine englische Entsprechung. Im Englischen gibt es keine so elegante und prägnante Möglichkeit, einer negativ formulierten Frage zu widersprechen. In Familien entwickelt sich aus schönen Erinnerungen oft ein spezielles Vokabular. Ich bin sicher, dass das Wort „doch“ für Tammy, unsere vier Kinder und mich Teil der ganz persönlichen Sprache unserer Familie werden wird.

[Doch – After living in Germany now for almost two years, more and more German has crept into family life at the Murphy residence. The German word, however, which one hears most around our dinner table is one for which there is no English equivalent. There is no such elegant and succinct way in English to contradict a negative question. Families often develop a special vocabulary based on fond memories. I am sure that the word "doch" will become a part of that special family language for Tammy and me and our four children.]

PHILIP D. MURPHY

Eierschalensollbruchstellenverursacher, der

Diesen habe ich selbst in Gebrauch, sogar sehr oft, da Frühstück die wichtigste Mahlzeit am Tag ist.

Außerdem hätte ich nicht gedacht, dass es so ein langes Wort gibt.

MARIA RIESCH

erwirtschaften

Ein irritierendes Lieblingswort! In seiner ursprünglichen Bedeutung sagte es etwas über redlich Geschaffenes aus. Ohne betrügerische Raffinesse wurde ein Produkt oder eine Idee geboren und realisiert, letztendlich zum Wohle derer, die es schufen. Das schloss durchaus einen reellen Gewinn ein, der nicht durch betrügerische Machenschaften gegenüber anderen erzielt wurde.

Heute erfahre ich aus den Medien, dass dieser oder jener Konzern einen *Gewinn erwirtschaftete,* der im ersten Vierteljahr bei 10, 12 oder 15 Milliarden Euro lag! *Erwirtschaftet?* Redlich? War also eine leider nicht kontrollierte Preiserhöhung nötig, nur um bloß den *Gewinn* zu *erwirtschaften?* Auf dem Rücken derjenigen, die es bezahlen müssen, wenn sie zum Beispiel tanken oder die Stromrechnung begleichen müssen!? Bedeutet *erwirtschaften* heutzutage also nur eine ungezügelte Gewinnmaximierung?

Manchem, der dies zu rechtfertigen sucht, treibt es nicht einmal die Schamröte ins Gesicht.

JO BRAUNER

Fantasie, die

Meinem Lieblingswort auf der Spur: Die deutsche Sprache hat so viele wunderbare Wörter! Als ich mich für meinen Beitrag zum „Duden-Lieblingswörterbuch“ gedanklich auf die Suche nach *meinem* persönlichen Lieblingswort machte, schwirrten mir zunächst viel zu viele schöne Wörter durch den Kopf: „Heimat“, „Geborgenheit“, „Familienleben“ waren darunter, aber auch Wörter, die mich zum Lachen bringen, so wie das verräterische Wort „Sättigungsbeilage“. Aber hatte eines davon auch das Zeug dazu, mein Lieblingswort zu werden?

Ich entschloss mich, eine Freundin zu fragen, um einen anderen Blick auf die Sache zu bekommen – nämlich eine Freundin, die keine deutsche Muttersprachlerin ist, sondern Niederländerin. Für sie war die Aufgabe überraschend einfach: Ihr persönliches deutsches Lieblingswort sei „Sehnsucht“, sprudelte es sofort aus ihr heraus. Sie mag den Klang dieses Wortes, und sie liebt das Wort auch deshalb, weil es im Niederländischen keine eindeutige Übersetzung dafür gibt. Stimmt, dachte ich mir, ein sehr suggestives und vielschichtiges Wort!

Trotz großer *Sehnsucht* nach einer Lösung war ich keinen Schritt weiter – denn „Sehnsucht“ war ja nun als persönliches Lieblingswort schon vergeben. Ich begann, deutsche Musik zu hören und landete bei einer meiner Lieblingssängerinnen aus Kindheits- und Jugendtagen: Nena. Ihre Songtexte können wirklich mitreißen, wie zum Beispiel das Lied „Leuchtturm" – schon mal gar nicht schlecht: das Wort „Leuchtturm". Fündig wurde ich dann auf einer CD, die Nena extra für Kinder aufgenommen hat. Da stand es endlich. Mein Lieblingswort in schönen Lettern:

FANTASIE!*

Fantasie hat mich immer begleitet.

Fantasie ist der Anfang aller Ideen – und dabei nicht bloß *Träumerei,* sondern Herausforderung für die Wirklichkeit und der erste Schritt zur Weiterentwicklung. Genau wie das Wort „Sehnsucht" hat auch „Fantasie" einen wunderbaren Klang: „Fantasie" klingt nach Fliegen, nach Abenteuer, nach Freiheit, nach leuchtenden Farben. Oder wie Nena es formuliert: „Fantasie ist Energie." Jedes Kind braucht Fantasie, weil sie es ist, die den Gedanken Flügeln verleiht. Sie ist der erste Schritt auf dem eigenen Weg. Sie schafft Kreativität und Mut, seinem

* Fantasie ist Energie (Nena, 2002, „Madou und das Licht der Fantasie")

Leben eine Richtung zu geben. Genau das wünsche ich mir auch als Familien- und Jugendministerin: dass Kinder den Mut *und* auch die Chance haben, mit Fantasie in die Zukunft zu schauen und ihren eigenen Vorstellungen zu folgen.

Nenas Lied summend wusste ich, dass ich meinem Lieblingswort auf die Spur gekommen war – mit ein bisschen *Fantasie!*

KRISTINA SCHRÖDER

Firlefanz, der

Neben der Bedeutung eines Worts ist mir auch dessen Klang sehr wichtig. Es gibt Wörter, die sich nach meinem Sprachgefühl so anhören, dass die Bedeutung als geistiges Bild entsteht. In meinem aktiven Sprachgebrauch verwende ich das Wort Firlefanz immer mit großer Freude und erlebe auch, dass meinem Umfeld das Wort immer als eher seltene Erscheinung in der Alltagssprache auffällt.

VERENA BENTELE

Fisimatenten, die

Das Wort (ausgesprochen: Fiesematenten) ist so richtig alt-berlinerisch. Meine Großmutter wehrte so kleinere Betrugsversuche ihrer Enkel ab. Aber ab und an hört man es hier auch wieder bei Jungen.

Überliefert wird immer wieder, dass das aus der Zeit stammt, als Preußen unter französischer Besatzung stand. Uniformierte Sprösslinge der Grande Nation forderten Mädchen und junge Frauen auf: „Besuchen Sie mich doch in meinem Zelt!", französisch also: „Visitez ma tente!" Die unerschrockene Berlinerin mit Herzensbildung antwortete so, wie sie es verstanden hatte: „Mach ma keene Fiesematenten!", und stapfte unerschrocken weiter.

Natürlich behaupten die Rheinländer, dass sie das Wort bereits weit früher in Gebrauch hatten. Kennt man ja schon, zum Beispiel von Muckefuck / Mocca faux. (Auch ein schönes Wort.)

Mancher Sprachforscher, der definitiv nicht aus Berlin stammen kann, behauptet sogar, es komme aus der lateinischen Amtssprache der Renaissance und meine „bedeutungsloser Zierrat an Wappen". Meine Großmutter würde dem widersprechen. Entschieden!

CHERNO JOBATEY

flauschig

Was für eine wunderbare Wortschöpfung. Es drängt sich geradezu auf, dieses Gefühl von Wärme und Behaglichkeit. Verbunden mit dem Hauch der Verniedlichung. Positiv besetzt ... Und es ist wie so oft der doppelte Wortsinn, der mich hier begeistert. Eben nicht nur das warme, weiche Handtuch, die Kuscheldecke nach einem anstrengenden Tag oder einer erfolgreichen Sporteinheit ... Nein, flauschig ist viel mehr. Wenn es im Job läuft, alles harmoniert, dann ist es eben flauschig. Ganz großes Kino also ... Und mal ehrlich, auch in der Liebe wünschen wir uns doch vor allem eines: flauschig muss sie sein. Ich verneige mich vor diesem Wort. Danke!

MARC BATOR

Fräulein, das

Fräulein – ich habe nur schöne Erinnerungen an dieses Wort! Der innere Jubel, das Frohlocken, als zum ersten Mal ein Brief ins Internat an „Fräulein …“ und nicht mehr an „Schülerin …“ adressiert war! Es öffnete eine bis dahin verschlossene Tür, stand für den ersten Schritt in die große, weite Welt, die nur darauf wartete, erobert zu werden!

Und wie angenehm war es, im Restaurant das „Fräulein“ rufen zu dürfen, und wie zuverlässig klang das „Fräulein vom Amt“ … Die Schriftstellerin Annette Kolb bestand ihr Leben lang darauf, mit „Fräulein“ angeredet zu werden. Im Angelsächsischen nennt man Schauspielerinnen bis heute noch Miss, im Französischen gibt es die Mademoiselles. Aber wir …

Wir haben ein Problem mit dem Wort, haben es leider im Zuge der Emanzipation entsorgt, weil es als despektierlich empfunden wird. Und doch gab es 1945, im Nachkriegszeit-Deutschland, nur wenige Wörter, die so viel zur Verständigung, zu einem engen, soliden Zusammenleben beigetragen haben wie „Fräulein“.

IRIS BERBEN

Freimut, der

Es gibt Worte, die sind wie Brot, wie Brot und Wein. Sie schmecken und schenken. Sie sind der Geschmack des Lebens. Sie erfüllen das Innerste und geben auf eine eigentümliche Weise Kraft. Der Augen-Blick und die Sehnsucht gehören dazu. Ebenso die Freiheit, noch mehr aber Freimut. Der Mut zur Freiheit. Die unbefangene Offenheit. Die überwundene Angst. Das geläuterte Selbstbewusstsein.

Freimut, flankiert von Demut und Sanftmut. Jedenfalls der Mut, man selbst zu sein, unermüdlich zu trotzen – ohne Trotz und ohne Stolz.

Freimut, ein Wort, das ich brauche, täglich, wieder und wieder, das sich nicht abnutzt, an dem ich mich aufrichte, jetzt, da ich es ausspreche. Ich laufe, ich schleppe mich, ich schlürfe, radle, tanze durch meine Tage, durch die Alltage, die Festtage, aus Dunstkreisen, in Dunstkreise, in Windstille und im Sturmbrausen, in Ödnisse und Üppigkeiten, im Frühlingsrauschen, durch die Sommerfrische, bei betörender Herbstfärbung oder in berückende Wintergrüne.

Ich komme immer wieder an im Augen-Blick, voller Sehnsucht und gewinne Frei-Mut.

FRIEDRICH SCHORLEMMER

Freude meines Herzens, die

Eine kleine Wortgeschichte

Die meisten der Wörter, die wir tagtäglich gebrauchen, sind uns während der Kindheit irgendwie zugeflogen. Wir haben sie gelegentlich aufgeschnappt, man hat sie uns vorgesagt, wir haben sie nachgesprochen, in Reimen oder Liedern nachgeahmt, vielleicht ein bisschen mit der Aussprache gerungen und dann ganz selbstverständlich über den neuen Wissensschatz verfügt. Später können wir uns daran nicht mehr erinnern, jedenfalls in aller Regel, zu der ja immer auch die Ausnahme gehört. Kann es sich doch mit einigen wenigen Worten auch ganz anders verhalten, mit Worten zumeist, die uns geradezu ans Herz gewachsen sind, weil sich die Entdeckung ihres Klanges und ihrer Bedeutung mit etwas verbindet, das unsere Erinnerung bewahren will, mit einer besonderen Geschichte, einem Gefühl, einem sinnlichen Eindruck. Für mich ist es das kleine Wort „Freude“, das sich so heraushebt aus meinem Wortschatz. Bis heute erinnere ich mich daran, wie ich als Kind von ihm angerührt wurde, beim sonntäglichen Gottesdienst, als ich zum ersten Mal Paul Gerhardts Lied „Geh aus, mein Herz, und suche Freud“ gehört habe. Vielleicht hatte ich das Wort ja schon vorher gekannt, hier aber, in dem Lied, das vom Glück des Sommers erzählte, das „Narzissen und die Tulipan“ besang, hat es mich plötzlich mit seiner ganzen Bedeutung ergriffen. Es war, als würde mein Herz gestreichelt. Später, als junger Arzt, fragte ich mich dann manchmal, ob das nicht alles sentimentaler Kram ist, ob denn das Herz, anatomisch betrachtet nicht mehr als ein Muskel, überhaupt so fühlen kann. Heute, wiederum Jahrzehnte später, wissen wir aus den Forschungen der Psychokardiologie, dass unser Herz tatsächlich fühlen, das es vor Kummer verkrampfen und vor Freude springen kann. Aber hab ich das nicht schon immer gewusst und gefühlt dank meiner kleinen, ganz persönlichen Wortgeschichte?

DIETRICH GRÖNEMEYER

Frommwerden, das

Martin Luther hat gesagt: „Das christliche Leben ist nicht ein Frommsein, sondern ein Frommwerden.“ „Fromm“ ist für viele ein altertümliches Wort. Für mich ist es eine Lebenshaltung.

MARGOT KÄSSMANN

Fußpilz, der

Mein eigentümliches / komisches deutsches Lieblingswort ist Fußpilz – was, wörtlich übersetzt, im Englischen „Fuß-Champignon" bedeutet. Für Anglofone ist die Vorstellung, dass ein normaler Champignon aus jemandes Fuß wächst, surreal, da Englisch unterschiedliche Wörter hat für Champignon, Schimmelpilz und Pilz.

Aber als ich deutschen Freunden erzählte, dass ich das Wort lustig finde, konnten sie das nicht verstehen. „Wie heißt das auf Englisch?", wollten sie wissen. „Athletenfuß", sagte ich.

„Hahaha", sagten sie.

Sprache ist grenzenlos merkwürdig.

[My favourite odd // comical German word is Fuszpilz – which translates literally into English as "foot mushroom." For English speakers, the concept of a standard mushroom growing out of one's foot is surreal, as English has different words for mushroom, mildew, and fungus.
But when I told German friends that I found this word funny, they were puzzled. "What is it in English?" they asked. "Athlete's foot," I said.
"Hahaha," they said.
Language is endlessly strange.]

MARGARET ATWOOD

Gegenwart, die

Gegenwart“ wurde in dem Moment zu meinem Lieblingswort, als ich mich aufgefordert sah, es gegen den Vorwurf der Hässlichkeit und Unmotiviertheit in Schutz zu nehmen. Anlass hierzu gab eine Bekannte romanischer Muttersprache mit der eher beiläufigen Bemerkung, das deutsche Wort Gegenwart sei ein sperriges, merkwürdiges Wort.

Im Gegensatz zu den Abkömmlingen des lateinischen praesentia, die in ihren Teilen genau die Bedeutung des Gemeinten zum Ausdruck brächten, fehle es der deutschen Gegenwart an jeglicher Klarheit.

Was bitte habe hier die Präposition gegen zu suchen?

Und was überhaupt bedeute das zweite Element -wart?

Sie kenne wohl einen Torwart, einen Burgwart, und – aber nur der Vollständigkeit halber – auch einen Blockwart, doch das könne ja wohl nicht das -wart in Gegenwart sein.

Wenn sie es sich genau überlege, fuhr meine Bekannte – durch Nachfragen meinerseits in Fahrt gekommen – fort, wenn sie es sich genau überlege, sei Gegenwart ein geradezu hässliches, ja widerwärtiges Wort.

Man denke nur an seine Verwendung in Zusammensetzungen wie in Gegenwartsdeutsch:

-warts- wie Warze!

Eine Zumutung für Nichtmuttersprachler und Ästheten, das müsse ich doch eingestehen, oder etwa nicht?

Oh weh!

Deeskalationsstrategisch geschickt stimmte ich zu, modifizierte jedoch die vorgetragene Bewertung hin zu „schwierig“ und „anspruchsvoll“ und versprach Aufklärung.

Und dieser Mühe, Licht ins Dunkel der Gegenwart zu bringen, verdanke ich mein Lieblingswort. In den anschließenden Wörterbuchrecherchen entpuppte sich Gegenwart als das, was mir nicht nur als Seiendes, sondern als Gewordenes entgegenkommt und gegenübertritt, wobei gerade das anstößige -wart, abgeleitet aus werden, Letzteres wiederum verwandt mit lat. vertere ‚drehen, wenden‘, der Gegenwart ihre dynamische, kreative Komponente verleiht.

„Ist doch schön, oder?“, fragte ich meine Bekannte, zugegebenermaßen mit provokantem Unterton.

„Na ja, okay, es ist nicht hässlich“, erwiderte sie, „aber es ist ziemlich deutsch.“

GABRIELE DIEWALD

Goldstück, das

Es ist deshalb mein Lieblingswort, weil man damit Leute, die man vielleicht gar nicht gut kennt, glücklich machen kann, indem man sagt: „Sie sind / Du bist ein Goldstück.“

RALF ZACHERL

Grenzgang, der

Weil das Wort mein Leben auf den Punkt bringt: immer am Limit.

REINHOLD MESSNER

Warum? Zum einen verkörpert dieses Wort eine definitive, für mich gültige Aussage. Füge ich einer These z. B. das Wort „grundsätzlich" bei, unterstreiche ich den „grundsätzlich" für mich gültigen Wertebegriff dieser Aussage. Insofern habe ich die Möglichkeit, mit diesem Wort (zumindest teilweise – je nach Thema) meine persönliche Grundhaltung preiszugeben. Außerdem ist es innerhalb einer Diskussion ein wunderbares Wort, um den Diskussionspartner (oder manchmal auch -gegner) schachmatt zu setzen – sollte dies das Ziel des entsprechenden Gesprächs sein. Denn wie soll er / sie gegen einen womöglich persönlichen Grundsatz ankommen? Sehr praktisch. Und zum Dritten habe ich anhand dieses Wortes meine S-Fehler in meiner Sprache während meiner Schauspielausbildung ausgemerzt: ein stimmhaftes „s", gefolgt von einem stimmlosen „tz", eine Herausforderung für die Zunge. Aber nach vielen Übungen und nach teilweise stundenlangem „grundsätzlich"-Sagen war der S-Fehler weg. Eine grundsätzlich tolle Übung.

KRISTIN MEYER

Güte, die

Für mich das schönste Wort, weil es sehr persönlich ist und sehr viel aussagt.

FRIEDE SPRINGER

Hingabe, die

Hingabe heißt für mich: Ich lasse mich bewusst für eine Zeitspanne auf nur eine einzige Sache ein; sei es auf das Gespräch mit einem für mich wichtigen Menschen, auf mein Pferd oder auf eine Beschäftigung wie das Kochen. Hingabe ist für mich das Gegenteil von Multitasking. Inzwischen weiß ich, je besser es mir gelingt, meinem Gegenüber meine vollständige Aufmerksamkeit zu widmen, desto mehr Nähe entsteht und umso zufriedener werden beide Seiten mit der Verständigung sein.

ISABELL WERTH

Hitze, die

Wer die Hitze nicht verträgt, sollte nicht am Herd stehen.

ECKART WITZIGMANN

Hochdeutsch, das

Das Wort *Hochdeutsch* und besonders eine Fügung wie *die deutsche Hochsprache* wirken zwar durchaus noch vertraut, aber doch schon wie aus der modernen Sprachwelt gefallen.

Über eine lange Zeit hin bezeichnete das Wort *Hochdeutsch* einen Kernbegriff der Entwicklung des Deutschen hin zu einer europäischen Kultursprache, und es war einigermaßen strittig, was eigentlich dieses *Hochdeutsche* sei und was es ausmache. Konrad Dudens Normierung der Rechtschreibung, die sich seit dem Ende des 19. Jahrhunderts durchgesetzt hat, hat ihren Teil dazu beigetragen, eine offizielle Repräsentationsform unserer Sprache zu umreißen und festzusetzen, die man mit diesem Begriff bezeichnen könnte. Diese Form hat eine hohe Verbreitung gefunden, sie wird im Mutter- wie im Fremdsprachunterricht gelehrt, die Medien nutzen sie. Und zwar die gedruckten wie die Zeitungen, aber auch Radio und Fernsehen, bei denen wir eine gesprochene Variante dieser Form hören. Wenn das *Hochdeutsche* so weit verbreitet ist, dass es für seine Sprachnation eine *Einheitssprache* und eine im Gebrauch weitverbreitete normierte Form, also das ist, was man eine *Standardsprache* nennen möchte, was bedeutet dann eigentlich noch das Adjektiv *hoch* im Terminus *Hochdeutsch?* Man versteht das noch bei Verhältnissen wie in der Schweiz, wo die deutsche Hochsprache sehr stark eine schriftlich geprägte Alternative zur normal gesprochenen Sprache, der Mundart, darstellt.

Im Allgemeinen aber eignet dieser Benennung eine gewisse Ambivalenz, die auf ältere Verhältnisse zurückführt. Das Hochdeutsche, das ist einerseits die historisch auf südlichen Entwicklungen basierende Sprachform, die das Niederdeutsche im Norden des deutschen Sprachgebiets zumindest aus dem öffentlichen Raum verdrängt hat. Schon Georg Christoph Lichtenberg hat im 18. Jahrhundert das Verhältnis des Hochdeutschen und des Niederdeutschen in die folgende ironische Hierarchie gebracht: „Niederdeutsch, Hochdeutsch, und seraphisch Deutsch." Andererseits steht diese im nördlichen Raum vorzugsweise gebrauchte Variante als *Hochform* den im Süden weiterhin heimischen Dialekten und regional geprägten Formen des sprachlichen Alltags gegenüber. Diese gelten dann als, wenn man so will, weniger hoch. Und im Norden, zum Beispiel in Hannover, spreche man das beste oder reinste Hochdeutsch.

Die Differenzen von besserem Hochdeutsch im Norden und schlechterem im Süden lösen sich erst allmählich mit der allgemeinen Verbreitung standardsprachlicher Formen auf. Sie führt auch zur Entwicklung neuer sprechsprachlicher Formen, die gar nicht mehr in die alten Muster passen. Wenn wir also genau sind, passt ein Wort wie *Hochdeutsch* eigentlich in vielen Fällen nicht mehr auf die heutigen Verhältnisse.

Wir sollten es aber nicht gering schätzen, mag es uns doch daran erinnern, dass wir, wie immer wir ihre Erscheinungsform genau nennen, unsere deutsche Sprache hoch schätzen dürfen und sollen.

LUDWIG M. EICHINGER

höchste Konzentration, die

Im modernen Fußball geht es nicht nur um die Beine, sondern auch um den Kopf. Das Mentale ist von großer Bedeutung für den Erfolg des Teams. Nicht nur Talent und Taktik, Fitness und Torriecher. Deshalb ist „höchste Konzentration“ in jeder Sekunde und Situation wichtig.

JOACHIM LÖW

Holunderblütenbaum, der

Eine der schönsten Liebesszenen in der deutschen Literatur spielt unter einem Holunderbaum: von Kleist – das Käthchen von Heilbronn.
Meine Mutter pflückte die Beeren und bereitete / kochte daraus Saft, den wir bei Erkältungen heiß tranken, viel Vitamin C. Seine Blüten duften und sind fast weiß.

Überhaupt liebe ich Bäume, blühende Bäume besonders, dann ist Frühling und Sommer, Wärme, Hitze, Kindertage.

HANNELORE HOGER

Humor, der

Wenn man keinen Sinn für Humor hat, welchen dann? Humor ist ein sinnliches Wort, wie beim Lachen selbst beginnt es mit einem exspiratorischen „Ha!“. Dann folgt das „mmm“ – so, als hätte man gerade seinen Lieblingsnachtisch genossen. Und Humor endet auf Ohr, auf hören – na gut, ich hör schon auf. Natürlich kommt das Wort aus dem Griechischen und erinnert an die Körpersäfte, die „Humores“, die im Gleichgewicht die gute Laune machen, solange einem weder die schwarze Galle überläuft noch die giftige, die Melancholie oder die Cholerik. Humor ist ein Rätsel: Jeder ist überzeugt, selber Humor zu besitzen. Dabei kennt doch jeder genug Menschen ohne. Und die Engländer glauben, Deutsche hätten grundsätzlich keinen. Nonsens! Gerade weil unsere Sprache so komplex ist, eignet sie sich hervorragend für Wortspiele, Hinter- und Unsinn. „Welch schönes Wort ist Mutterglück – wie seltsam klänge Gluttermück!“ Das ist auf Englisch nicht zu übersetzen. Und daher kennen die auch Robert Gernhardt nicht und auch nicht Morgenstern, Ringelnatz, Tucholsky oder Heine. Und selbst der Miesepeter Schopenhauer sagte sinngemäß: Jedes Lachen ist eine kleine Erleuchtung. Ist Lachen also die beste Medizin? Das zeigt einem das Leben selbst. Kinder lachen 400-mal am Tag, Erwachsene 20-mal, Tote gar nicht. Da erkennt auch der statistische Laie die Tendenz: Humor hilft heilen.

ECKART VON HIRSCHHAUSEN

inteuerlich (Adjektiv, eine menschliche Eigenschaft beschreibend; Substantiv: Inteuerlichkeit, die)

Unbegreiflicherweise steht dieses ausdrucksstarke Wort nicht im Duden, obwohl es mir unmöglich scheint, ohne es auszukommen. Seit ich denken kann, gehört es zum Repertoire meiner Familie, um bestimmte Menschen präzise zu kennzeichnen.

Was also ist ein *inteuerlicher* Mensch? Oder besser – *wie* ist er? Ich muss versuchen, ihn zu beschreiben, denn es gibt auch kein Synonym – deswegen ist das Wort ja so unersetzlich.

Jemand *Inteuerliches* ist sich der Bedeutung seiner Person bewusst und strahlt das auch aus. Die Aura der Bedeutsamkeit verleiht seinem Blick etwas Durchdringendes und der Stimme ein kleines, mühsam unterdrücktes Tremolo, einen Hauch von Pathos: Damit bannt er die Aufmerksamkeit seines Gegenübers. Und überprüft gleichzeitig, ob ihm dies auch gelingt, ob das Gesagte seine Wirkung entfaltet und beeindruckt hat.

Nun könnte man an einen simplen Wichtigtuer denken, ist damit aber auf der falschen Fährte. Denn der *Inteuerliche* kommt ganz ohne dessen Überlegenheitsgehabe aus. Eher ist er ein bisschen naiv und voll guter Absichten. Ja, seine Ernsthaftigkeit und sein Engagement zeichnen ihn als redlichen Menschen aus, die gänzliche Ironiefreiheit aber macht ihn zugleich auch ein klein wenig lächerlich. Alles in allem kein unebener Zeitgenosse.

PETRA GERSTER

jiddische Wörter

Jiddische Wörter wie *meschugge, chuzpe, mischpoche, massel* u. a. sind eine witzige, originelle und tiefsinnige Bereicherung unserer Alltagssprache. Es wäre schade, wenn die letzten Verbleibsel dieser herrlichen Sprache verschwinden würden. Schlimm genug, dass wir die Menschen, die sie gesprochen haben, entweder umgebracht oder aus dem Land gejagt haben. Immerhin hat das *bagel* ein Comeback gefeiert, und das ist ja schon mal ein Anfang.

HANNES JAENICKE

Kastaniengefühle, die

Ich lernte das Wort vor 20 Jahren kennen, denn es stammt aus dem Sprachschatz meiner Gattin:

Conny Scheel war Teenager – der erste Tag der Sommerferien hatte begonnen und sie lümmelte sich im Park der Villa Hammerschmidt rum. Sie hatte ein gutes Zeugnis bekommen, keine unangenehmen Aufgaben standen an, sie fühlte sich sorgenfrei, unbeschwert und genoss die Sonne im Schatten eines Kastanienbaums.

Sie liegt im Gras, schaut in die Blätter. Ist maximal entspannt.

An diese Situation erinnert sie sich gerne und mit wohligen Gefühlen. Wenn wir beide heutzutage irgendwo froh sitzen oder liegen – ungequält von Ärger – schauen wir uns an, nehmen uns bei der Hand und wissen: wir haben Kastaniengefühle!

HELLA VON SINNEN

Ke|bab|bel, das

Bezeichnung für die Vermischung von ausländischen Sprachen mit regionalen deutschen Dialekten.

Das Wort *Kebabbel* (mein Programmtitel: „Kebabbel net!“) entstand mit voller Absicht aus der Intention heraus, die Bezeichnung *Kanacksprach* als Verunglimpfung des typischen Sprachgemischs ausländischer Mitbürger in der Zeit des Fremdsprachenerlernens abzulösen und nachhaltig positiv zu besetzen. *Gebabbelt* wird überall in Deutschland und damit ist *babbeln* sowohl ein regionaler wie auch bundesweit gebräuchlicher Begriff, den schon jeder kennt. Im Zusammenfluss mit dem türkischen Wort *Kebab* entstand dieser lockere und in keinem Fall abwertende Begriff, der sich hoffentlich weit verbreitet.

BÜLENT CEYLAN

Kinderstube, die

Mein Lieblingswort ist „Kinderstube“. Kulleraugen sehe ich, wenn ich das Wort Kinder höre. Warm ums Herz wird mir, wenn ich an die Stube denke. Ein angenehmes Gefühl überkommt mich, so heimelig und so „zu Hause“ ... Doch gemeint ist mit der guten Kinderstube „gutes Benehmen“! Für mich als Künstler ist das fast gleichbedeutend mit „sich selbst rücksichtsvoll in Szene setzen“! Im Leben wie auf der Bühne. Ja, „Kinderstube“ ist mein Lieblingswort und doch ist es spannend, aus der Stube herauszuschauen, um zu sehen, was da draußen ist ... Man darf ja gern mal gucken, aber nie heraustreten.

KAY RAY

Knabenmorgenblütenträume, die

Mark Twain würde sich schon wieder lustig machen über ein weiteres deutsches Schlangenwort ..., aber Goethe hat es in einem Gedicht verwendet, hat er es erfunden? Ich denke, ja. Vorrecht der Dichter: Worte erfinden! Es kommt in seinem Gedicht *Prometheus* vor, der Zusammenhang lautet:

Wähntest du etwa,
Ich sollte das Leben hassen,
In Wüsten fliehn,
Weil nicht alle Knabenmorgen-
Blütenträume reiften ...

Ich war völlig entzückt, als ich dieses Wort zum ersten Mal las, vor vielleicht fünfzig Jahren, und es entzückt mich noch immer. So viel Jugend, so viel Aufbruch und Hoffnung in einem einzigen Wort! Der Knabe, die Blüten, die Träume – ach, wir wissen, das alles bleibt ja nicht, aber deshalb „in Wüsten fliehn“, deshalb aufgeben? Kommt nicht in Frage. Wir sollten unsere wunderbaren Knaben- (oder Mädchen-)morgenblütenträume nie ganz vergessen – schon, weil das Wort so schön ist.

ELKE HEIDENREICH

Kögelbrunf, der

Mein Lieblingswort ist „Kögelbrunf“, weil es das einzige mir bekannte Wort ist, für das Google weder Links noch Suchalternativen anbietet. Das Wort hat keinerlei Bedeutung und genügt sich somit selbst. Es ist reiner Klang und verkörpert poetische Qualität in der Tradition von Dada: Hugo Ball, Tristan Tzara oder Daniela Katzenberger. Ich wäre deshalb sehr froh, wenn es auch der Duden aufnehmen würde. Dann könnten wir dem führenden Suchmaschinenbetreiber gemeinsam vorwerfen, er sei nicht auf der Höhe der Zeit. Welch ein Triumph!

DIETER NUHR

kommod

Im Duden steht, *kommod* sei ein veraltetes Wort, finde aber noch im österreichischen Sprachraum Verwendung. Nun, *kommod* ist vielleicht ein wenig aus der Mode gekommen, aber es ist eines der vielen deutschen Wörter, die genau das ausdrücken, was sie umschreiben. Der Wortklang ist so unendlich weich und satt, einfach zum Hineinlegen – ein Wort, in dem man es sich bequem machen kann. Bequem, angemessen, zweckmäßig bedeutet *kommod,* denn auch die heute noch gebräuchliche Kommode war eine rasend bequeme Erfindung. Es war natürlich ein Fortschritt, über Schubladen zu verfügen und sich nicht mehr beim Über-die-Truhe-Bücken Rückenschmerzen zu holen.

Seit ich 2008 ins Saarland gezogen bin, ist die Benutzung des Wortes *kommod* eine Alltäglichkeit für mich geworden. Die Nähe zum französischen Sprachraum ist spürbar. Und so ist es völlig normal, dass mein Kameramann vom Saarländischen Rundfunk nicht fragt, ob ich drehfertig sei, sondern: „Alles kommod bei dir?“ Natürlich! Alles kommod.

MANUEL ANDRACK

krüsch

Mein Lieblingswort ist „krüsch". Um Verwirrungen vorzubeugen, liebe Münchner: Wenn im Restaurant jemand sagt: „Ich bin krüsch", heißt das nicht, dass derjenige wie ein krosser Schweinebraten daherkommt. „Krüsch" ist ein wunderbar hamburgischer Ausdruck für „beim Essen wählerisch sein". Ich selbst bin überhaupt nicht krüsch, nehme in meinem neuen Restaurant aber gerne Rücksicht auf die Extrawünsche meiner Gäste.

CORNELIA POLETTO

liebäugeln

Mein Lieblingswort – obwohl es so viele gibt – ist liebäugeln. Ein bildhaftes und melodisches Wort, in dem sich eine sanfte kindliche Sehnsucht verbirgt, die auch bei Erwachsenen aufzufinden ist. Und es zaubert ein Lächeln auf den Lippen.

LESLIE MALTON

liebenswürdig

CHRISTINE WESTERMANN

Lieblingswörter, die

Leidenschaft, Hingabe, Faszination, Liebe, Seele, Schönheit, Erinnerung, Zukunft, krass, Gedächtnis, Schatz, definitiv, absolut, ja, Gott, Ganzheitlichkeit, Körperlichkeit, gigantisch, Spaß, Leben, Freude, Freunde, Nachhaltigkeit, spektakulär, Liebling, Glück, Entspannung, Erholung, Familie, Pause, Schlaf, Oma.

BRITTA STEFFEN

Lieblingswörter, die

1. *So simmer halt* („So sind wir eben"): das beinhaltet für mich die Liebe zu Mannheim und zum Mannheimer Dialekt.
2. *Wescht!* („Weißt du!"): das sage ich so oft, dass manche schon sagen: „Sag doch nicht immer ‚wescht'!" Aber das Wort gehört einfach dazu! Es ist immer der Nachsatz.
3. *Aijo!* („Aber ja, ach ja!"): das ist die Zustimmung oder Bestätigung, wenn jemand etwas erzählt und ich genauso denke, also ein „Das finde ich auch!" in Kurzform.

JOY FLEMING

Lieblingswörter, die

Es fällt mir schwer, mich für das *liebste* Lieblingswort zu entscheiden, denn ich habe mehrere Lieblingswörter, die mich trösten wie ein Kuss und satt machen wie Brot.

Respekt ist eins davon. Ich brauche es als Antrieb und leide, wenn es fehlt. Es ist mir Kissen, Suppe, Dach und Haltegriff. Und es klingt, wie sich eine Umarmung anfühlt.

Ein weiteres Wort ist *vorübergehend,* fünf Silben, wie eine Enzyklopädie der Vergänglichkeit. Eine Zeitbrücke und nüchterne Transformation zwischen „Es ist", „Es wird", „Es wird geworden sein" und „Es ist gewesen", wie ein Winken beim Abschied. Und das kleine Wort *Weh:* drei Buchstaben, die den Weltschmerz bündeln wie kein anderes, ein Archiv universellen Leids.

Dann das windähnlichste Wort *Freiheit,* zwei Silben, die schon im Aussprechen befreien! Luft, Licht, Leben, wie Flügel zum Davonfliegen.

Und schließlich *Mutter,* für mich das umfassendste Wort, das größer ist als Gott und Universum, mehr ist als Leben, Liebe, Nahrung und Halt. Es ist raumlos und körperlos, es ist gegenwärtig und zukünftig, ein Übergang vom Diesseits ins Jenseits und auch ins Abseits. Mutter klingt, wie sich Haut anfühlt, eine Endlosigkeit.

RENAN DEMIRKAN

Lusche, die

Wo aber kommt der Ausdruck Lusche her? Im Mittelalter trugen bekanntlich alle Menschen in Europa eine Kopfbedeckung. An dieser Kopfbedeckung war am hinteren Teil eine Schlaufe dran, ohne Bedeutung, reine Modeerscheinung. So wurde aus Schlaufe – Lasche. Aus Lasche (zu laschig) wurde schnell Lusche (luschig). Kulturhistorisch gesehen, eine Lusche ist = etwas Hängendes ohne Funktion!

AUSBILDER SCHMIDT

Malapropismus, der

Das Wort ist abgeleitet von Mrs. Malaprop, einer Figur aus dem Theaterstück „Die Rivalen“ von Richard Brinsley Sheridan, die das machte, was uns heute häufig in Interviews mit Fußballern erfreut: Fremdwörter falsch verwenden. Beispiel: „Der Trainer hat den Fokus sehr hoch gehängt.“ Ein Malapropismus kann dabei sowohl die unbeabsichtigte Fehlleistung bezeichnen als auch den bewussten Comedykunstgriff: „Herr Doktor, ich brauche eine Blutinvasion!“

JÜRGEN VON DER LIPPE

Minnebüschel, das

Ach, damals wusste man noch, was Sache ist. Eine Dame war noch ein *wip,* ein Mann noch ein *degen* und Liebe war *minne.*

Na gut, im Mittelalter konnte *minnen* gleichzeitig „liebkosen“ und „vergewaltigen“ bedeuten, einige Menschen damals haben zwischen den beiden Minnediensten wohl nicht so ganz klar unterschieden, das macht den Begriff etwas ungenau, dafür aber auch umso unmittelbarer. Vergleichen Sie das mal mit Neuhochdeutsch: „Geschlechtsverkehr“? „Beischlaf“? Was ist das denn?

Was man damals mit dem Wort *minne* anfangen konnte, bevor die deutsche Sprache es zugunsten der „Liebe“ fallen ließ, ist eine *minne*-Welt für sich:

Gierte man nach Liebe, hatte man *minnegir;* dürstete man danach, hatte man *minnedurst;* wurde es einem ganz warm ums Herz, war das *minnehitze,* spürte man das Feuer schon lodern, war es *minnebrunst.*

Einer, der nach Liebe jagte, war ein *minnejeger;* wer um die Liebe kämpfte, war ein *minnekempfer,* ein Geliebter ein *minnegeselle,* ein heimlicher Geliebter jedoch ein *minnediep.* Und das Huhn, das man traditionell nach der Brautnacht zum Frühstück verspeiste, war selbstverständlich ein *minnehuon.*

Wie kam es, dass die deutsche Sprache so schöne Bezeichnungen für so schöne Dinge verlor?

Irgendwann, als das Mittelalter der Neuzeit wich, begann Deutschland die Phänomene „Liebe" und „Sex" anders zu formulieren. Laut *Grimms Wörterbuch* stirbt *minne* im 16. Jahrhundert aus. Einerseits könnte dieser Zeitpunkt nichts weiter zu bedeuten haben, andererseits wirft er die interessante Frage auf: Hatte der aufkommende Protestantismus etwas mit dem Tod der *minne* zu tun? In seiner Bibelübersetzung von 1534 verwendet Luther „Liebe" zwar über 200 Mal, *minne* aber gar nicht mehr.

Die schönste Tote unter den ausgestorbenen *minne*-Wörtern ist ohne Frage *minnebüschel.*

Als ich *minnebüschel* bei der Lektüre des Wolfram'schen Parzival entdeckte, war mir sofort klar: Eine moderne Sprache kann sich so anstrengen, wie sie will – sie wird nie wieder so schön, menschlich oder wahr werden, wie sie damals im Mittelalter war. Welche Wörter heute sind gleichzeitig so verspielt-unschuldig und sexuell aufgeladen? Diese Unverblümtheit, diese handfeste Erdverbundenheit – so sind wir einfach nicht mehr und werden es nie wieder sein. Welche Worte lassen sich so leicht in eine andere Sprache übertragen, ohne an Schönheit zu verlieren: *Love bush!*

Ach, heute ist *minnebüschel* längst verschwunden und uns steht nur noch das missbilligende „Schamhaar" zur Verfügung – Sex wird mit Schande ersetzt. (Auf Englisch ist es ähnlich: Wir verbinden Schamhaar zwar nicht mit Scham, trotzdem distanzieren wir uns ebenso emotional davon, indem wir den lateinisch-wissenschaftlichen Begriff *pubic hair* dafür verwenden.)

Warum schämen wir uns für Haare und nicht für so viele andere Dinge, für die es sich zu schämen lohnen würde? Warum gibt es keinen Schamfurz, keine Schamlüge, Schampartei, ja, kein Schamtoupet, kein Scham-Versprechen-nicht-gehalten, Scham-entdeckt-zu-werden-beim-Nasepopeln oder gar Scham-falschen-Mann-geheiratet-und-zu-spät-erkannt-zu-haben?

Aber Schamhaar – das gibt's.

ERIC T. HANSEN

Miteinander, das

„Mit-ein-ander" ist eines unserer spannendsten Wörter. Es ist sogar ein dreifaches Wort: In ihm steckt sowohl das „Eine" wie auch das „Andere" und schließlich die Zusammenbindung von beidem im gemeinsamen „Mit". Was da zusammengebunden wird, kann eine Ver-einigung werden, ist aber zunächst eine Spannung: Das Andere wäre kein Anderes, wenn es nicht von dem Einen verschieden wäre. In dieser Verschiedenheit können sich ein Ich und ein Du zwar ver-einigen, nie aber identisch werden. Sie bleiben in einer – bevorzugt positiven – Spannung.

Der Lateiner hat für den Einen und den Anderen sogar dasselbe Wort: „alter ... alter". Wir erkennen es im Deutschen noch in unserem Fremdwort der „Alter-native". Es zeugt allerdings mehr von Ausschluss denn von Einheit. Und es lässt auch eine negative Spannung zu. Man erkennt sie noch deutlicher, wenn man „einer-seits ... anderer-seits" sagt. Es deutet wörtlich auf eine Spannung zwischen zwei Seiten, zwei Polen, Gegenpolen. Deutet auf ein ausschließendes Entweder-oder.

Und doch gehören Nord- und Südpol zueinander. Die eine Seite ist nicht ohne die andere. In solcher Bipolarität besteht eine Gegenseitigkeit. Aus ihr kann auf anderer Ebene eine Wechselseitigkeit und damit etwas Weiteres entstehen. Der Philosoph würde von einem dialektischen Verhältnis sprechen: von These und Antithese, die in einer Synthese gemeinsam aufgehoben sind. „Aufgehoben" heißt dabei: be-seitigt und zugleich bewahrt und damit zusätzlich auch erhöht.

Diese neue, gesteigerte Qualität findet im dritten Wortteil des „Mit" ihren Ausdruck. Sie ist auch eine neue Lebensqualität. Sie führt weit über die sprachliche Semantik und deren Logik hinaus. Sie führt in die Ethik eines gelebten Miteinanders unter Menschen. Sie führt in eine Art von Bio-logik. In ihr sind eins und eins nicht mehr zwei, sondern drei: Wenn zwei Menschen miteinander leben und lieben, erwächst daraus ein dritter Mensch. Und über die Zweieinigkeit hinaus ist das „Miteinander" ein so großes Wort, dass es letztlich für die ganze Menschheit gilt: Wenn eine Vielzahl von Menschen leben und überleben will, muss sie sich notwendig im Miteinander üben: muss sie eine Gemeinschaft, eine Gesellschaft werden. Dies schließt sogar das Miteinander von Mensch und Welt, sprich: Umwelt, ein: Wir sitzen in unserer *einen* Welt alle miteinander in *einem* Boot. Das Eine, das uns dabei umfängt und trägt, erschließt sich nunmehr als eine weit größere, weit spannungsvollere Einheit. In ihr ist unsere Schicksalsgemeinschaft weit mehr als nur eine soziologische Größe.

So ist das sinnreiche Wort des „Miteinanders" am Ende nicht nur eines der spannendsten, auch komplexesten, sondern auch eines der forderndsten. Man spürt dies eigentlich nur, wenn man es wörtlich nimmt. Man spürt und versteht es fast nicht mehr, wenn man eine Option der neuen Rechtschreibung wahrnimmt, die dem Gehör und nicht dem Gedanken folgt: wenn man im „Mit-ei-nander" nach neuer Silbentrennung aus dem „Einen" das „Ei" heraustrennt. Gewiss gelangt man damit noch einmal auf andere Weise zur Biologie. Doch dort verschließt sich nunmehr jenes Eine, auf das eine „auseinander" driftende Gesellschaft mehr denn je zu hören hätte.

MARKUS SCHÄCHTER

mitneffen

Während mit dem allseits geläufigen Begriff „mitnichten" der Nutzer kundtun kann, dass er etwas „keinesfalls" oder „unter keinen Umständen" meint, bietet „mitneffen" die Möglichkeit der gänzlichen Bejahung.

„Mitneffen" ist gleich zu verwenden wie „unbedingt", „auf jeden Fall" oder „jawohl".

CORDULA STRATMANN

mühselig

Es versteckt höchst zutreffend das Geheimnis, warum mich der Journalistenberuf auch nach über 30 Jahren noch tagtäglich fesselt: „mühselig". Auch in der Mühsal liegt Seligkeit. Auch wenn das etymologisch diskussionsfähig ist – die süße Selbstgeißelung zur Erreichung des nächsthöheren Qualitätslevels genieße ich wie eh und je.

ULRICH MEYER

Mummenschanz, der

Als Kölner und großer Freund des Karnevals ist dieses Wort für mich ein Riesenspaß. Ich assoziiere damit: Freude, Geheimnis und Ausgelassenheit.

JÜRGEN DOMIAN

Musik, die

Sie ist neben der deutschen Sprache in meinen Augen die beste Verständigung zwischen den Menschen. Es gibt keine Missverständnisse, sie spricht die Völker auf der ganzen Welt unabhängig von ihren kulturellen, religiösen und sprachlichen Prägungen an.

Für mich ist Musik eine der schönsten Errungenschaften der menschlichen Zivilisation.

PETER RAMSAUER (als Privatperson)

mutterseelenallein

Deutlich negative Gefühle transportieren sich da wie auf Engelsflügeln – hübsch verpackt und sehr intensiv. Mutterseelenallein – so habe ich mich vor vielen Jahren zuletzt gefühlt, als ich zu Bundeswehrzeiten aus dem weihnachtlich-wohligen Elternhaus in die karge Kasernenkälte zurückkehrte. Lange her – aber es wirkt noch immer ...

ULRICH MEYER

Mythos, der

Ein Wort mit einem wunderbaren Klang ... Sprechen Sie das Wort mal aus und schauen Sie dabei in den Spiegel.

Die Aussprache von „Mythos" sieht nämlich sehr schön aus. Nicht zu vergessen ist natürlich die Bedeutung: Man glaubt zu wissen, aber man weiß nicht wirklich etwas. Sehr geheimnisvoll. Ein Mythos!

NAZAN ECKES

Nachbearbeitung, die

Mein Lieblingswort ist „Nachbearbeitung". Seit Jahren sagt man mir beim Fernsehen, ich solle mir keine Sorgen machen, kleine Fehler und dergleichen würden später bei der Nachbearbeitung beseitigt. Geklappt hat es leider bisher noch nie.

BARBARA SCHÖNEBERGER

Patentante, die

Mein deutsches Lieblingswort ... Immer wenn ich nach Deutschland komme, freue ich mich über die große Fürsorge, mit der ich hier empfangen werde. Bei einer meiner letzten Reisen hat sich meine Lektorin als meine Patentante bezeichnet. Ich schätze sie sehr und das Wort trifft es sehr gut.

JOSEPH BOYDEN

Pipapo, das

Wer kurz vor dem Kauf eines Wörterbuches überprüfen will, ob der Wälzer seiner Wahl auch wirklich gut ist, bevor er sich quasi auf längere Zeit damit bindet, dem lege ich das bizarre Wörtchen „Pipapo“ ans Herz.

Dass es überhaupt ein richtiges Wort ist, ist erst mal überraschend. Dazu kommt, dass es ein Wort ist, das im geschriebenen Deutsch sowie in höflicher Gesellschaft eher weniger benutzt wird, das einen Artikel hat, obwohl es doch keinen braucht (wann haben Sie das letzte Mal „Mich interessiert daran vor allem das Pipapo“ gesagt?). Außerdem ist es sowieso überflüssig, weil man auch die respektableren Floskeln „usw.“ bzw. „etc.“ benutzen kann und weil es heute im Volksmund noch obendrein von dem amerikanischen „blabla“ ersetzt wird. Steht dieses Wort dennoch im Wörterbuch der Wahl, so weiß man: Hier handelt es sich um einen Lexikografen, dessen Liebe zu Vokabeln über deren praktischen Nutzen weit hinausgeht.

Es ist durchaus möglich, ein völlig sinnloses Wort zu lieben, einzig weil es so schön auszusprechen ist …

Pipapo ist so simpel und effektiv wie eine kleine Maschinengewehrsalve, nur musikalischer – jede

Silbe spuckt man aus wie eine Kugel, aber in einer anderen Tonhöhe.

Ich muss dabei immer an „Lolita" denken, den Roman von Vladimir Nabokov. So fängt er an:

Lolita. Licht meines Lebens, Feuer meiner Lenden. Meine Sünde, meine Seele. Lo-li-ta: die Zungenspitze macht drei Sprünge den Gaumen hinab und tippt bei Drei gegen die Zähne. Lo. Li. Ta.

Sie war Lo, einfach Lo am Morgen, wenn sie vier Fuß zehn groß in einem Söckchen dastand. Sie war Lola in Hosen. Sie war Dolly in der Schule. Sie war Dolores auf amtlichen Formularen. In meinen Armen aber war sie immer Lolita.

Als ich diese Zeilen zum ersten Mal las, musste ich (das macht wohl jeder) das Wort laut aussprechen und aufpassen, was in meinem Mund passiert: Lo. Li. Ta. Es stimmt tatsächlich. Damit brachte Nabokov seine Leser dazu, den Namen des Mädels im Mund sinnlich ins Leben zu rufen. Welcher andere Autor bringt das fertig?

Er hat nur einen Fehler gemacht: Er hätte seine Heldin lieber Pipapo nennen sollen.

Stellen Sie sich vor, ein skandalöser Erotikroman, in dem ein dekadenter Europäer eine dumme, aber sexy junge Amerikanerin entführt, die Pipapo heißt. So würde es dann klingen:

Pipapo. Licht meines Lebens, Feuer meiner Lenden. Meine Sünde, meine Seele. Pi-pa-po: die Lippen öffnen und schließen sich drei Mal, jedes Mal in einem tieferen Ton, wie das Auge, das vom Gesicht zur Brust hinabwandert, um schließlich auf dem schönsten Körperteil von allen zu ruhen: Pi. Pa. Po.

Sie war Pi, einfach Pi am Morgen, wenn sie vier Fuß zehn groß in einem Söckchen dastand. Sie war Pipa in Hosen. Sie war Polly in der Schule. Sie war Pia Patricia Pollyanna auf amtlichen Formularen. In meinen Armen aber war sie immer Pipapo.

[Vladimir Nabokov, Gesammelte Werke, Band 8: Lolita. Rowohlt Verlag, Reinbek bei Hamburg, 1989. Übersetzung von: Helen Hessel, Maria Carlsson, Kurt Kusenberg, H. M. Ledig-Rowohlt, Gregor von Rezzori, bearbeitet von Dieter E. Zimmer]

ERIC T. HANSEN

priml

priml, pri|ml (allgäuer.) [veraltet: primulesk; Steigerungsform: primulant]; ironisch-überhöhte Form des aufs Italienische zurückgehenden *prima;* zum Ausdruck innerer Zerknirschtheit und Resignation; vor allem in stadtnahen Gebieten des oberen Allgäus verwendet [vgl. *jo, priml!*]; Komparativ: primulant.

Zum Beispiel: *„Ich Depp (süddt. vulg.) hab das Licht am Auto brennen lassen und jetzt springt der verreckte (süddt. vulg.) Saukübel (süddt. vulg.) nicht mehr an! Priml!"*

Wir als Autoren lieben dieses Wort, weil es mehr ausdrücken kann als so manche vollgeschriebene Seite. Das kommt uns als Autoren aus zeit- und erzählökonomischen Gründen entgegen, entspricht dem Klischee und unserem Naturell als Allgäuer, die ja den Denkvorgang im Gegensatz zu den Eingeborenen in Norddeutschland nicht mitsprechen. Und der Leser weiß sofort über die Stimmungslage unserer Hauptfigur Kommissar Kluftinger Bescheid, der unseres Wissens der Einzige außer uns ist, der diesen Begriff häufiger verwendet.

VOLKER KLÜPFEL und MICHAEL KOBR

Punkt, der

Da saß ich in diesem stickigen, schlecht beleuchteten Klassenzimmer der *Kailua High School* auf Hawaii und versuchte, mich auf die Worte meiner Deutschlehrerin zu konzentrieren und nicht auf den Schnitt ihrer Jeans.

Sie faselte mir irgendeinen Nonsens vor von Substantiven, die männliche, weibliche und neutrale Artikel hatten, von Akkusativ und Dativ und Genitiv – alles absurde Ideen, völlig überflüssig für eine Sprache, soweit ich das als Teenie beurteilen konnte, nichts mehr als eine weitere Möglichkeit, jemanden zu quälen, der sich ahnungslos in das Vorhaben gestürzt hat, Deutsch zu lernen.

Genau genommen hatte ich gar keinen Grund, ausgerechnet Deutsch zu lernen – mir war jede Sprache recht, die mir half, irgendwann endlich kontinentaleuropäischen Boden zu betreten. Erst, als ich bereits in der Deutschstunde saß, schwante mir, dass eine andere Sprache möglicherweise leichter gewesen wäre. Deutsch zu lernen war, wie Indiana Jones in einem dunklen Gang eines geheimen, altertümlichen Tempels zu kriechen: Eine Hürde nach der anderen wollte überwunden werden, und wer weiß, ob der Tempel am Ende überhaupt einen Schatz birgt.

Also saß ich da und baute mir frustriert und trotzig für diese quälende Sprache unzählige Eselsbrücken, die ein möglichst schlechtes Licht auf ihre Erfinder warfen: es heiße „der Tisch", weil die Deutschen alle penisorientiert sind und an einen Phallus denken, wenn sie ein Tischbein sehen; es heiße „die Milch" von „Muttermilch", weil die Deutschen alle Muttersöhnchen seien; und „das Fräulein" ... äh, das war wieder schwieriger.

Dann entdeckte ich „Punkt".

So was hatte ich noch nie gehört.

Für die Deutschen ist das ein denkbar unscheinbares Wort, ich aber hatte noch nie zuvor erfahren, dass die Konsonanten „n", „k" und „t" so intim miteinander verknüpft sein können. Sogar mehr – die Phonetiker zählen „n" nämlich als zwei Konsonanten: „n" und „g". Also spricht man in Wirklichkeit vier Konsonanten aus. Ich war entzückt von den prickelnden Trommellauten, die da im Mund entstehen: Da donnert ein „un" hin, das „k" hört sich an wie das Zuknallen einer Tür in einem Horrorfilm und „t" kommt wie ein Schuss von der Zunge: „n-g-k-t"!

Auf Englisch gibt es so was nicht: Ich musste an die geheimnisvollen Kalahari-Buschmänner denken, die mit lauter Klicklauten sprechen. Das gab dem Deutschen etwas Ursprüngliches und zugleich Exotisches.

Es war „Punkt", das mich zu meinem ersten großen literarischen Wurf inspirierte:

Auf dem Nachhauseweg wiederholte ich das Wort immer wieder vor mich hin, in dem Versuch, Herr über diese merkwürdigen Geräusche im Mund zu werden: „Pünktchen!", „Pünktlich!", „Machen Sie mal einen Punkt!", „Aber gern!". Und ich fragte mich dabei, was man sonst alles mit so einem Wort machen konnte.

Wäre ich ein Fantasy-Roman-Autor, dachte ich, würde ich daraus eine ganze Rasse von Wesen machen – primitiv, wie die Pikten (englisch: *picts* – aber ohne das „n" wie bei „Punkt"), jedoch hochintelligent, eine unheimliche und geheimnisvolle Rasse von steinzeitähnlichen Menschen, die im Nebel wohnen und dunkle Zauberkräfte beherrschen und Dämonen beschwören: Die *Punktsmen.*

Ihnen begegnet ein Held von einer weit überlegenen, aber leider völlig dekadenten und dem Zerfall geweihten Kultur mit Namen *Zanktzen,* und der *Zanktze* verfällt der barbarischen Erotik einer leidenschaftlichen, aber nicht sehr häufig gewaschenen *Punktswoman,* die ihn ausnutzt, um *Zanktzstadt* zwecks feindlichen Übergriffs auszukundschaften, und es beginnt eine gefährliche Liebschaft voller Gewalt, Misstrauen und Sex an schmutzigen Orten.

Das Buch habe ich sogar geschrieben, nur leider haben die Verlage es nicht so hoch angesehen wie ich. Trotzdem sind mir seitdem die *Punktsmen* in liebevoller Erinnerung geblieben, und immer, wenn ich so Sätze höre wie „Herr Hansen, kommen Sie endlich zum Punkt!“, wandern meine Gedanken kurz nach Hawaii zurück und ich weiß wieder, warum ich so gern diese schwere, schöne Sprache spreche.

ERIC T. HANSEN

Quintenzirkel, der

Mein Lieblingswort – weil es der Schlüssel zum Universum ist.

UDO JÜRGENS

Sammelsurium, das

Was für ein Hammer! Wie könnte ich es in eine andere Sprache übersetzen? Vom niederdeutschen „sammelsur" stammend, meint es ursprünglich ein saures Gericht, welches aus Speiseresten gekocht wurde. Dieser abfällige Unterton bekommt zugleich etwas Liebenswertes. Zudem verleiht die Nachsilbe „-ium" dem Wort eine scheinbar lateinische Abstammung. Ein Blendwerk mit sprachlichem Tiefgang. Meint Sammelsurium doch viel mehr: Sammeln verspricht Ordnung, gleichzeitig ist das Gesammelte gänzlich ungeordnet. Damit ist Sammelsurium das Leben.

JÖRG PILAWA

sapschig

Sapschig (gesprochen sapschich) benutze ich nur im Zusammenhang mit Kuchen.

Ein leckerer Kuchen ist für mich kein trockener, an dem ich lange kaue und den ich ohne Schlagsahne sowieso nicht „herunterbekomme“. Nein, ein Kuchen muss feucht und glitschig sein, er kann aus Joghurt und Früchten bestehen, aus Schokoladen- oder Zitronenschaum, aus Eierlikörcreme oder mit Rum getränktem „Bäckerabfall“, aus allem, was gut „rutscht“. Eben sapschig.

Den langweiligen festen Boden lasse ich liegen und die teigigen Seiten auch. Das sieht am Schluss – zugegeben – nicht besonders schön auf dem Teller aus, aber meine Mutter, die wunderbare Kuchen backt, hat sich glücklicherweise längst daran gewöhnt.

DAGMAR BERGHOFF

Schattenmorellen, die

Sauerkirschen, die im Schatten des Hauses im Garten meiner Großeltern wuchsen.

„Nicht essen. Sie sind kreischsauer!“, warnte meine Großmutter. Dazu der rätselhaft exotische Name.

Mir waren diese beiden schiefen und nicht besonders großen Bäume als Kind unheimlich.

Sie könnten im Garten von E. A. Poe wachsen und über geheimnisvolle Kräfte verfügen.

ULRICH PLEITGEN

Schienenersatzverkehr

SEV ist in Berlin – neben den konventionellen öffentlichen Transportmitteln – mittlerweile selbst zur Marke gereift, quasi der Normalfall.

Denn das Berliner S-Bahn-Netz ist niedergewirtschaftet und die U-Bahn in Würde ergraut. Also müssen „Schienen ersetzt" werden.

Diese Aufgabe übernimmt eine Armada von Doppeldecker-Bussen, die meist so aussehen, als stammten sie noch aus eben den Zeiten der glorreichen spanischen Armada. Hätte der vielerlei Kummer gewöhnte Berliner die Chance, die obersten Nahverkehrs-Flitzpiepen zu einem gepflegten Meinungsaustausch an seinen Stammtisch zu bekommen, könnte er endlich Sätze wie „Pass mal uff, mein jefiederter Freund. Et klatscht gleich – aber keenen Beifall" an die richtige Adresse richten.

Bis dahin gilt uneingeschränkt das Bonmot des Berliner Kabarettisten Rolf Kuhl: BVG ist das Kürzel für „bin vorsichtshalber gelaufen".

MURAT TOPAL

Schissimatucki, das

Eine wunderbare Variante für weniger wunderbare oder ganz besondere Momente. Als Kind habe ich es bei meinen Eltern gehört und gedacht, das ist üblich, aber als ich meine schwäbische Heimat verließ, verlor sich auch das Schissimatucki. Ich mag es nach wie vor, auch gerne in der erweiterten Variante „Schissimatucki Sexybombi“, und habe inzwischen gelernt, dass es in Schillers Räubern vorkommt (Schweizer: „Was Schissimatucki, steht ihr da, und zaudert?“), und auch beim Spukschloss im Spessart (Toni: „Schissimatucki, du sollst was Gutes tun ...!“) – also Schissimatucki, wer hätte das gedacht!

ULRIKE FRANK

Schlager, der

Der Schlager macht gute Laune und bringt jede müde Party in Schwung!

BIRGIT SCHROWANGE

Schlichtung, die

Klingt dieses Wort erst einmal nach „Mama sorgt für Ruhe unter den Kindern“, hat es für mich im letzten Jahr eine weitere Bedeutung bekommen. Insbesondere die Ergänzung *Sachschlichtung* und das Beispiel Stuttgart 21 zeigen, wie sinnvoll es ist, nach einer ersten Meinungsentstehung mithilfe von Fachleuten und Fakten eben seine Meinung zu überprüfen. So ein Verfahren empfiehlt sich natürlich nicht nur bei großen politischen Themen, sondern auch mal im Kleinen. Wer meint, er würde häufiger als andere Mitbewohner die Spülmaschine ausräumen, kann ja einfach mal eine Strichliste machen und zählen.

BERNHARD HOËCKER

Schmackofatz, das

„Das ist ein Schmackofatz!“, sage ich, wenn ein Essen köstlich und natürlich daherkommt. Und sogar noch einen großen Hunger stillt. Vom handgemachten Kartoffelpüree bis zur Pasta mit einfacher Traumsoße oder Königsberger Klopsen kann es alles sein. Wolfram Siebeck sagt, es kommt nicht von ihm. Ich ahne: Es kommt vom polnischen *smakować* „schmecken“.

RENATE KÜNAST

Schnitzelpiste, die

So heißt der lange Flur im ZDF, der zur Kantine führt. Jeder ZDF-Mitarbeiter kennt dieses Wort und weiß sofort, was damit gemeint ist.

MARKUS LANZ

schnöder Schein

Früher war mein Leben eher dominiert von dem Begriff „panische Schnapp-Atmung". Heute ist der Schlüsselsatz meiner Show: „Spitze deine Ohren, hör in dich hinein, wofür bist du geboren, und was ist nur schnöder Schein?"

SISSI PERLINGER

Schokolade, die

Klingt gut, schmeckt gut und bringt mich auf Ideen.

FRANK SCHÄTZING

Sehnsucht, die

„Sehnsucht“ verbindet zwei eh schon intensive Wörter, die etwas Ähnliches aussagen, sich aber zusammengesetzt noch potenzieren und damit auch das Gefühl, das ein Sehnsüchtiger empfindet.

Im Gegensatz zu Immanuel Kant, der die Sehnsucht nur als den „leeren Wunsch“ bezeichnete, „die Zeit zwischen Begehren und Erwerben des Begehrten vernichten zu können“, genieße ich die Spanne, denn es zeigt mir, dass ich fühle, leide, Freude empfinde, mir Dinge wichtig sind. Kurzum, dass ich lebe.

DUNJA HAYALI

seh sahne
seh fahrten
sehn sucht

Als fotograf drängen sich mir diese wortschöpfungen immer wieder auf. sehen suchen, die sucht nach bildern, die seh fahrten, see fahrten, kreuz fahrten, quer durch länder und kulturen. was bleibt, ist die seh sahne.

mit sehn sucht gehe ich auf seh fahrten und komme zurück mit seh sahne.

das wortspiel seh sahne geht zurück in die schulzeit: im leistungskurs bei einem referat über paul cézanne angewandt, der sich in der lautschrift anbietet (cézanne = [se'zan] = seh sahne).

zum entzücken meines damaligen lehrers (emmo reiss), der diese assoziation sofort nachvollziehen konnte. die bilder empfand ich damals schon als sahne für die augen, also: seh sahne!

HORST HAMANN

Selbstverstand, der

Mein Lieblingswort ist eine Selbsterfindung (Titel meines 1987 erschienenen Buchs „Der deutsche Selbstverstand") und erklärt sich selbst wie folgt:

Selbstverstand meint

- selbstverständliches Denken, das für das satirische Schreiben unumgänglich ist
- den Versuch, sich selbst und dadurch auch andere zu begreifen
- die logische Sicht auf alle Phänomene
- die Absicht, seiner selbst bewusst zu werden
- und das ergebnislose Experiment, sich selbst interpretieren zu wollen.

MATHIAS RICHLING

Sonnencreme, die

Meine Frau stammt aus Norwegen und hat einen Sohn mit in die Ehe gebracht. Er hat inzwischen auch schon zwei Kinder, ein Mädchen und einen Jungen. Ich selbst habe pakistanische Wurzeln und besitze daher eine relativ dunkle Hautfarbe. Als Sophie, die Ältere von beiden, etwa drei Jahre alt war und wir gemeinsam am Tisch saßen, fragte sie mich unvermittelt, warum ich so braun sei. Ich habe sofort versucht, meine Gedanken zu ordnen, kam aber gar nicht dazu, ihr zu antworten. Mit triumphierendem Ausdruck gab sie die Antwort gleich selbst: „Weil Du keine Sonnencreme benutzt hast!“

MOJIB LATIF

Stand Up Comedy, die

Mein Lieblingswort ist natürlich „Stand Up Comedy“, das ich in Deutschland auch immer so schreiben würde und nicht „Stand-up-Comedy“, denn das macht das „Up“ so klein und angehängt und nicht stark und selbstbewusst, so wie es der Comedian doch sein muss, wenn er unsere Kunstform macht. Falls mein Wort zu englisch ist, finde ich trotzdem, dass nach 20 Jahren Quatsch Comedy Club langsam „Stand Up Comedy“ oder „Comedian“ in die deutsche Sprache ideologisch aufgenommen gehört!

THOMAS HERMANNS

stiekum

Eins meiner Lieblingswörter aus meiner Kindheit in Westfalen ist „stiekum", ich hatte es lange Zeit aus den Ohren verloren, aber jetzt ist es wieder aktiviert. Stiekum bedeutet so viel wie „unbemerkt, klammheimlich, stumm": „Ganz stiekum hatte er Papas Bier ausgetrunken" oder „Du bist so stiekum, wirst du krank oder hast du was ausgefressen?".

ANNETTE HUMPE

Subsidiarität, die

Der etwas sperrige lateinische Begriff bezeichnet eine wesentliche gesellschaftliche und politische Maxime: die Eigenverantwortlichkeit. Jede Ebene der Gesellschaft sollte die ihr eigenen Aufgaben im Sinne der Bürger und der Gemeinschaft lösen. Dieses „vor Ort“-Prinzip halte ich für unerlässlich. Aus meiner Sicht sind Überregulierung, Einmischung oder Bevormundung der Demokratie nicht würdig. Frei nach dem Motto „Schuster, bleib bei deinen Leisten“ oder „Jeder kehre vor seiner eigenen Tür“.

PETER RAMSAUER (als Minister)

tauwebüberspannt

Das Wort stammt von Joachim Ringelnatz aus seinem Gedicht „Segelschiffe". Es ist eine wunderbare und poetische Umschreibung der aus einer verwirrenden Vielzahl an Seilen und Drähten bestehenden Takelage eines klassischen Segelschiffes. Als Segler und Eigner eines solchen Schiffes spricht mir das Wort (und das gesamte Gedicht!) aus der Seele. Einfach schön und treffend!

ARVED FUCHS

Terminplanungsjahresübersichtswandkalender, der

Die fabelhafte Meike Jeß ruft an. Sie ist Zahnhygienikerin und erinnert mich routinemäßig an meinen nächsten Zahnhygiene-Termin. „Längst abgeleuchtet, meine Liebe, längst abgeleuchtet", beruhige ich sie. Aber offenkundig war das noch nicht alles. „Ich habe gelesen, Sie haben so eine schreckliche Krankheit?", sagt die fabelhafte Meike Jeß. „Jau. Polyneuropathie", sage ich. „Nochmal", sagt die fabelhafte Meike Jeß. „Polyneuropathie", sage ich.

Beeindruckt sagt die fabelhafte Meike Jeß: „Die passt ja prima auf Ihren Terminplanungsjahresübersichtswandkalender."

(Als ich sie später gesondert für diesen Spitzenspruch lobe, winkt sie hold errötend ab: „Ich habe ja bis vor Kurzem Handball gespielt.")

Ich weiß, das Wort „Terminplanungsjahresübersichtswandkalender" (und Termine für das folgende Jahr werden auf der Terminplanungsjahresübersichtswandkalenderrandleiste notiert) ist weder schön noch poetisch noch sonst was, aber in dem Satz „Dazu bedürfte es eines Blickes auf meinen Terminplanungsjahresübersichtswandkalender, aber der hängt, wie der Name schon sagt, an der Wand, und die habe ich nicht dabei" ist es stets präsent.

HARRY ROWOHLT

Textilienbusöl

Weil es bei einer Scrabble-Runde erfunden wurde und keiner, außer der Erfinderin, sonst drauf gekommen ist …

DIETMAR BRIXY

Übergangsmantel, der

Der Übergangsmantel ist ein Kleidungsstück für eine Jahreszeit, die es eigentlich gar nicht gibt. Faszinierend. Im Niemandsland zwischen Winter und Frühjahr wird er aus der Mottenkiste geholt und verbringt die Zeit bis zum überraschenden Winteranbruch Monate später achtlos auf der Rückbank im Auto. Hat es trotzdem in den Olymp der zeitgenössischen Mode geschafft: Übergangsmantel heißt in trendigen Casual-Wear-Stores jetzt „Inbetween-Jacke“.

URBAN PRIOL

Umweltverträglichkeitsprüfung, die

Als Wort lang und bürokratisch, als Instrument aber geradezu überlebenswichtig für Mensch und Natur. Durch die Umweltverträglichkeitsprüfung (UVP) wird schon frühzeitig analysiert, welche Auswirkungen ein Vorhaben auf die Umwelt hat. Sie ist damit das zentrale umweltpolitische Instrument in unserem Land.

JÜRGEN TRITTIN

Unabhängigkeit, die

Mein Lieblingswort – gar nicht so einfach!

Nach langer Überlegung und Durchsicht von Aussagen in Talkshows und Interviews scheint mein Lieblingswort „Unabhängigkeit" zu sein. Warum?

Unabhängigkeit ist die Voraussetzung, richtige Entscheidungen zu treffen, im geistigen wie im materiellen Bereich.

Unabhängigkeit befreit von der Akzeptanz immer häufiger werdender Bevormundung, Nötigung, geistiger Vergewaltigung.

Unabhängigkeit ist die Voraussetzung für Ausgeglichenheit. Man erbt sie nicht, man schafft sie sich. Wie gesagt: gar nicht so einfach!

JOACHIM FUCHSBERGER

Unternehmergeist, der

Dieser Begriff ist mein Lieblingswort, weil er für Kreativität und unternehmerische Freiheit steht. Unternehmergeist bedeutet, Initiative zu entwickeln, Ideen zu haben, diese in die Tat umzusetzen und Verantwortung zu übernehmen. Leider gibt es von diesem Unternehmergeist in Deutschland aber viel zu wenig. Wir brauchen mehr selbstständige Unternehmer, die sich durch Leistungsmotivation, Eigenverantwortung und Risikobereitschaft auszeichnen. Deswegen verstehe ich dieses Wort auch als Appell, für die Chancen und Möglichkeiten einer Selbstständigkeit zu werben.

DIETER HUNDT

Veränderung, die

Die Welt verändert sich jeden Tag, genauso wie wir. In Ägypten, Libyen und vielen anderen Ländern bahnt sich zurzeit die Veränderung unaufhaltsam ihren Weg mit einer neuen Generation, die dem Ruf der Freiheit folgt. Deutschland hat sich vor mehr als 20 Jahren verändert und mit einer friedlichen Revolution die Mauer zum Einsturz gebracht. Der Wind der Veränderung hat mein Leben geprägt und mich zum Zeitzeugen eines historischen Moments des 20. Jahrhunderts werden lassen.

KLAUS MEINE

verflixt

„Verflixt“ bezeichnet eine schwierige Situation, aber lässt auch einen schönen Spalt für einen Ausweg offen – und ist damit Zeichen für Herausforderung und Hoffnung.

GÜNTHER BECKSTEIN

Verwegenheit, die

„Verwegenheit stiften“ steht in einem Gemälde von Jörg Immendorff, auf das mein Auge fällt, wenn ich vom Schreibtisch aufblicke. Vieldeutig und düster, aber auch mit hellen Aspekten, schroff, steinig und komplex, dann wieder geheimnisvoll einfach – jedes Mal, wenn ich es betrachte, kommt mir das Bild etwas anders vor.

„Verwegenheit“ ist ein etwas altmodisches Wort, bei dem es mir ähnlich geht. Noch zu erkennen ist die Verwandtschaft mit unserem auch heute sehr gebräuchlichen Wort „bewegen“. Das davon abgeleitete „wägen“ wird von den Etymologen früh auf die Bewegung der Waage bezogen. Das damit zusammenhängende mittelhochdeutsche Wort „wagen“ denkt die Waage sozusagen mit und bedeutet so viel wie „unsicherer Ausgang“, als ob die Waage sich noch nicht ausgependelt hätte. Damit ist also etwas in der Schwebe. Nun ist der Weg hin zu „Wagnis“ und „verwegen“ nicht mehr weit.

„Verwegen“ als eigenständiger Begriff wird im Mittelhochdeutschen bereits in der Bedeutung von „frisch entschlossen“ verwendet. Das hat für mich viel mit Politik zu tun. Wenn man in der Politik nämlich etwas be-wegen will, dann muss man auch ver-wegen sein, neue Wege gehen, Dinge in der Schwebe anpacken und oft genug auch die Verantwortung für große Risiken tragen. Meine Richtschnur hierbei ist die Offenheit für neue Ansätze auf der Grundlage bewährter Prinzipien und Werte, ganz so wie Friedrich Schiller es einmal ausdrückte: der „verwegene Flug unseres Denkens" – aber eben ein Denken, das sich seiner Ursprünge bewusst ist und sein Ziel fest im Blick hat.

Verwegenheit ist letztlich auch deshalb mein Lieblingswort, weil es außer dem Bezug zur Politik auch auf mich persönlich und meine Selbstwahrnehmung zutrifft: Ich bin dankbar, immer wieder die Kraft und den Mut zur freudigen Verwegenheit zu haben gegenüber allen Wagnissen, die das Leben mir bereitet. Manche würden mir vielleicht gar schmunzelnd mit Johann Ludwig Tieck vorhalten: „Die Jugend ist zu schüchtern allzu oft, das Alter dann gewöhnlich zu verwegen." Das soll mir recht sein – mit diesem Vorwurf lebe ich gern.

WOLFGANG SCHÄUBLE

Videobotschaft, die

Eines meiner Lieblingswörter ist die „Videobotschaft“, da erst wir mit „Nur die Liebe zählt“ die Videobotschaft in den modernen Sprachgebrauch eingebracht haben.

KAI PFLAUME

Vorfahrt, die

Nicht wenige unserer Nachbarn in Europa vermuten, dass dies die häufigste Todesursache von Deutschen sein müsse. In diesem Vorurteil schwingt mit, dass man Deutschen unterstellt, dass sie so rechthaberisch sind, dass sie in einer Verkehrssituation selbst dann auf ihrer Vorfahrt bestehen, wenn offensichtlich ist, dass es zu einem Unfall führen wird.

CEM ÖZDEMIR

Waffel, die

Das klingt zum Hineinbeißen.

GREGOR GYSI

Wählerwanderung, die

Es ist nicht nur die Alliteration, die bei diesem Wort mein Herz erwärmt. Es ist vielmehr die konkrete bildliche Vorstellung, wie Wähler wandern. Wenn an Wahlabenden gegen halb acht die Daten der Wählerwanderung auf meinem Tisch im Studio landen, denke ich unwillkürlich an die Sonntagnachmittagsspaziergänge mit meinen Eltern im Bergischen Land.

Die Wählerwanderung ist auf dem Zahlenfriedhof der Wahlforschung etwas sehr Konkretes, sehr Plastisches. Und sie erklärt oft besser als die anderen Umfrageergebnisse, was an einem Wahlsonntag wirklich passiert.

Ganz nebenbei ist sie ein Markenzeichen der ARD-Wahlforschung und wird erst seit kurzem auch in anderen Programmen kopiert. Das Rechenmodell ist in den Siebzigerjahren vom damaligen Infas-Institut entwickelt worden und wurde später von Infratest dimap, seit 1996 Partner der ARD-Wahlforschung, übernommen. Es beschreibt, welche Wanderungsströme es von der vorangegangenen zur aktuellen Wahl zwischen den Parteien gegeben hat. Methodisch ist es ein Umfrageergebnis, das gewichtet und mit Daten der Bevölkerungsstatistik angereichert wird. Wichtigste Grundlage sind die Ergebnisse der Wahltagsbefragung. Bei einer Bundestagswahl werden ca. 100 000 Wählerinnen und Wähler im Auftrag der ARD in 400 ausgewählten Wahllokalen befragt, wem sie ihre Stimme gegeben haben und wen sie vier Jahre zuvor gewählt haben. Natürlich ist es bei manchen Befragten mit der Erinnerung nicht immer so weit her. Wer denkt schon gern daran zurück, dass er beim letzten Mal ausgerechnet die Partei gewählt hat, über die sich jetzt alle ärgern? Deshalb müssen am Wahlabend die Statistiker ran. Sie gewichten, errechnen die absolute Zahl der Wähler und Nichtwähler und nehmen Erstwähler, Verstorbene, Zu- und Weggezogene in die Rechnung auf.

Für die Wahlanalyse ist die Wählerwanderung heute ungleich wichtiger als in den Siebzigerjahren. Damals waren die Wähler bequem, die meisten hatten eine feste politische Heimat. Und nur eine Minderheit schnallte sich – bildlich gesprochen – am Wahltag den Rucksack um und wanderte zu einer anderen Partei. Für die Wählerwanderung reichte ein Trampelpfad. Heute müsste man für eine reale Wählerwanderung die Autobahnen sperren, so breit sind die Ströme geworden. Zwischen den beiden letzten Bundestagswahlen 2005 und 2009 waren immerhin 70 Prozent der Wähler auf Wanderschaft, nur 30 Prozent blieben bequem bei ihrer zuletzt gewählten Partei.

JÖRG SCHÖNENBORN

Wahrheit

Beinhaltet für mich Heilung, Authentizität, automatisch auch Gerechtigkeit, Wahrhaftigkeit und Respekt im Miteinander – Werte, die unabdingbar gebraucht werden, wenn man in Liebe, Frieden und Glück erfolgreich leben will. Letztendlich steht Wahrheit, als eine der wichtigsten Grundsäulen des Miteinanders, für Sozialität und ist die Voraussetzung für eine gesunde Entwicklung einer Gesellschaft hin zur Geisteshygiene und Humanität. Wahrheit ist keine Interpretationssache, sondern ein Faktum. Letztendlich ist Wahrheit auch immer stärker als die Lüge. Sie setzt sich nachhaltig immer durch.

JULIA NEIGEL

Waldeslust, die

Der Wald ist ein Ort für die Sinne: Hören, Sehen, Fühlen, Riechen, Schmecken – schon in meiner Kindheit liebte ich es, durch die Wälder zu laufen. Es macht Lust, diesen Mythos immer wieder neu zu entdecken. Wenn ich eine Auszeit vom Alltag brauche und mich entspannen möchte, dann gibt es für mich nichts Schöneres, als mich an der frischen Luft zu bewegen. Lichtspiele und Schatten, weiches Moos und dichtes Laub, unberührte Natur, Ruhe und Harmonie – in einem Wort: Waldeslust!

Die Vereinten Nationen haben 2011 zum „Internationalen Jahr der Wälder" erklärt, um auf die besondere Verantwortung der Menschen für den Wald hinzuweisen. Denn jährlich werden rund 13 Millionen Hektar Naturwald insbesondere in den Tropen zerstört. Dies ist mehr als die gesamte Waldfläche in Deutschland. In Deutschland hingegen wächst die Waldfläche kontinuierlich. So vergrößerte sich der Wald innerhalb der letzten 50 Jahre um eine Million Hektar auf aktuell rund 11,2 Millionen Hektar Wald. Damit ist ein Drittel Deutschlands mit Wald bedeckt.

ILSE AIGNER

Wehmut, die

Das liegt zum einen am wunderbaren Sprachklang, zum anderen drückt dieses Wort etwas sehr spezifisch Deutsch-Romantisches aus. Die Musik von Schubert zum Beispiel oder die Dichtungen von Eichendorff und Heine sind nur mit diesem unscheinbaren Wort beschrieben. Das Wort hat (schon im Wortklang) eine Leichtigkeit, die eben auch das Gefühl kennzeichnet. Die Wehmut kommt immer auf leisen Sohlen: „… und Wehmut schleicht mir ins Herz hinein“ (Heine). Sie umweht den Menschen, wo Trauer und Schmerz ihn niederdrücken. Und sie ist ganz rein und persönlich, wohingegen die leicht parfümierte Melancholie eine gemeinsam empfundene Haltung beschreibt. Es ist für mich als Anhänger der deutschen Romantik das schönste deutsche Wort!

MARTIN STADTFELD

weltwach

Es hat nur acht kleine Buchstaben. Und es redet vom Wichtigsten. Nenne mir jemand ein lockenderes Wort, eines, das uns inniger daran erinnert, was zählt: Die *Welt,* sie ist der einzige Ort, den wir haben. Und *wach* ist ein Synonym für lebendig, für Leben. Unser Leben, deins, meins. Immer das unersetzliche, immer das einzige. Die Welt und das Leben, im ganzen Universum gibt es nichts Einmaligeres. Wie ein Mantra soll das Wort von uns Besitz ergreifen. Damit wir es nie aus den Augen verlieren. Damit es uns beschützt – vor Trägheit. Damit es uns ansporrnt – zum Staunen. Damit es uns befeuert.

ANDREAS ALTMANN

Wissenschaft, die

Eine Menge Leute glauben, in der Wissenschaft gehe es vorwiegend um komplizierte Formeln oder staubtrockene Berechnungen. Das ist ein Irrtum. Wissenschaft bedeutet im Grunde eine bestimmte Art zu denken. Sie ist eine Methode zur Überprüfung von Vermutungen. Wenn ich beispielsweise vermute: „Im Kühlschrank könnte noch Bier sein …", und ich schaue nach, dann betreibe ich im Prinzip schon eine Vorform von Wissenschaft. In der Theologie dagegen werden Vermutungen in der Regel *nicht* überprüft. Wenn ich also nur behaupte: „Im Kühlschrank ist Bier", bin ich Theologe. Wenn ich nachsehe, bin ich Wissenschaftler. Wenn ich nachsehe, nichts finde, aber trotzdem behaupte: „Es ist Bier drin!", dann bin ich Esoteriker.

In der Wissenschaft kann jedes neue Experiment neue Erkenntnisse bringen. Dadurch gilt eine wissenschaftliche Theorie nur so lange als richtig, bis sie durch eine bessere ersetzt wird. Der Wissenschaftler irrt sich quasi nach oben.

VINCE EBERT

Wolkenkuckucksheim, das

DORIS DÖRRIE

Wortschatz, der

Zusammengesetzte Hauptwörter sind ein gutes Beispiel für die Magie der deutschen Sprache. Im Wort „Wortschatz" steckt daher für mich viel Wahrheit. Ich forsche weiter.

XAVIER NAIDOO

Zitterschnee, der; Gewissvolk@dünnlauf.de; Schließlicht, das

Bei den drei Wörtern handelt es sich um Wortschöpfungen von Schülerinnen und Schülern einer 10. Klasse. In dem Fach „Kreatives Schreiben“ sollten die jungen Literaten die Schönheit der deutschen Sprache „erklingen“ lassen. Bei dem Wort „Zitterschnee“ sehe ich die ersten Flocken des Jahres zu Boden „zittern“, während meine Frau, neben mir stehend, zitternd die kalte Jahreszeit mit dem Satz begrüßt: „Machst du bitte den Kamin an?“.

JÖRG PILAWA

Zuneigung, die

Ich mag Wörter, die einen Vorgang gedanklich abbilden. Wenn ich z. B. zu jemandem eine „Zuneigung“ habe, neige ich mich ihm auch zu. Die rationale Erkenntnis des Wortes wird durch die bildhafte Vorstellung erfasst. So wird das Wort in einer sehr anschaulichen Weise begreifbar.

DIETER PFAFF

zungenzärtlich

Die begleitende Geschichte geht so: Ich besuchte einen Chocolatier in Berlin, dem ich die feinste Schokolade verdanke. Sein Vokabular war auf der Höhe der Qualität seiner Ware. Ausschließlich Plantagenkakao verwendet er aus vier entlegenen Gebieten der Erde. Er erklärte mir, es gehe nicht zuletzt um den „Abschmelzfaktor" der Schokolade. Das Wort gefiel mir, und da er schon dieses hervorgebracht hatte, stimulierte ich ihn zu immer neuen Höchstleistungen der Wortfindungen, indem ich ihn die Wirkung der idealen Schokolade beschreiben ließ. Da brachte er schließlich, geradezu hauchend, hervor: „Sie muss zungenzärtlich sein!" Ein Wort wie Schokolade.

ROGER WILLEMSEN

Zuversicht, die

Es ist für mich ein Schlüsselwort zwischen Denken und Glauben, Emotionen und Handeln, spiritueller Motivation und säkular-moderner Welt. Wenn ich Glückwünsche überbringe, so fehlt darin seit Jahrzehnten fast nie der Wunsch um „Zuversicht aus der Kraft des Glaubens für alle Tage".

„Zuversicht" bezieht sich auf eine Gestalt der Zukunftshoffnung, die Gewissheit, Vertrauen und auch einen festen „Glauben" einschließt, was immer darunter verstanden wird. Zuversicht ist jedenfalls eine gestärkte, qualitativ gesteigerte Form der Hoffnung.

In diesem Sinne ist es mir in langen Jahren zu einem Lieblingswort geworden.

KARL KARDINAL LEHMANN

Register

Unsere prominenten Beiträger (innen) und ihre Lieblingswörter

A

Aigner, Ilse *Politikerin, Bundesministerin für Ernährung, Landwirtschaft und Verbraucherschutz* Waldeslust

Altmann, Andreas *Reiseautor* weltwach

Andrack, Manuel *Moderator, Autor und Redakteur* kommod

Asül, Django *Kabarettist* Bayern

Atwood, Margaret *kanadische Schriftstellerin* Fußpilz

Ausbilder Schmidt *eigtl. Holger Müller, Komiker und Schauspieler* Lusche

B

Bator, Marc *Fernsehmoderator, Nachrichtensprecher* flauschig

Beckstein, Günther *Politiker, ehem. bayerischer Ministerpräsident* verflixt

Bentele, Verena *Sportlerin und Germanistin* Firlefanz

Bentheim, Irina von *Schauspielerin* Demut

Berben, Iris *Schauspielerin* Fräulein

Berghoff, Dagmar *Hörfunk- und Fernsehmoderatorin* sapschig

Böttinger, Bettina *Moderatorin und Produzentin* Abendbrot

Boyden, Jospeh *kanadischer Schriftsteller* Patentante

Brauner, Jo *ehem. ARD-Nachrichtensprecher* erwirtschaften

Brixy, Dietmar *freischaffender Künstler* Textilienbusöl

C

Ceylan, Bülent *Comedian* Kebabbel

D

Demirkan, Renan *Schriftstellerin und Schauspielerin* Respekt, vorübergehend, Weh, Freiheit, Mutter

Diewald, Gabriele *Professorin für Germanistische Linguistik* Gegenwart

Dörrie, Doris *Regisseurin, Schriftstellerin und Produzentin* Wolkenkuckucksheim

Domian, Jürgen *Schriftsteller, Journalist und Moderator* Mummenschanz

E

Ebert, Vince *Kabarettist und Autor* Wissenschaft

Eckes, Nazan *Moderatorin* Mythos

Eichinger, Ludwig *Professor für Germanistische Linguistik, Direktor des Instituts für deutsche Sprache* Hochdeutsch

F

Fleming, Joy *Blues- und Jazzsängerin* aijo, wescht, so simmer halt

Frank, Ulrike *Schauspielerin* Schissimatucki

Fuchs, Arved *Abenteurer, Polarforscher und Autor* tauwebüberspannt

Fuchsberger, Joachim *Schauspieler, Moderator, Schriftsteller und Entertainer* Unabhängigkeit

G

Gerster, Petra *Journalistin und Fernsehmoderatorin* inteuerlich

Glaser, Jutta *Jazzsängerin und Vokalistin* blümerant

Grönemeyer, Dietrich *Mediziner* Freude meines Herzens

Gysi, Gregor *Politiker und Jurist* Waffel

H

Hamann, Horst *Fotograf* seh Sahne

Hansen, Eric T. *amerikanischer Autor, Journalist und Satiriker* Doch, Minnebüschel, Punkt, Pipapo

Hayali, Dunja *Moderatorin und Journalistin* Sehnsucht

Heidenreich, Elke *Schriftstellerin, Kritikerin und Kabarettistin* Knabenmorgenblütenträume

Hermanns, Thomas *Moderator, Komiker, Drehbuchautor und Regisseur* Stand Up Comedy

Hirschhausen, Eckart von *Autor, Komiker und Moderator* Humor

Hoëcker, Bernhard *Schauspieler, Komiker und Moderator* Schlichtung

Hoger, Hannelore *Schauspielerin und Regisseurin* Holunderblütenbaum

Humpe, Annette *Musikerin und Produzentin* stiekum

Hundt, Dieter *Unternehmer, Präsident der Bundesvereinigung der deutschen Arbeitgeberverbände* Unternehmergeist

J

Jaenicke, Hannes *Schauspieler und Autor* jiddische Wörter

JOANA *Sängerin, Liedermacherin und Moderatorin* Amöbe

Jobatey, Cherno *Moderator und Journalist* Fisimatenten

Jürgens, Udo *Sänger und Komponist* Quintenzirkel

K

Käßmann, Margot *evangelisch-lutherische Theologin und Pfarrerin* Frommwerden

Kay Ray *Kabarettist und Entertainer* Kinderstube

Kerkeling, Hape *Schauspieler, Komiker und Autor* aufmüpfig

Kerner, Johannes B. *Moderator* das/dass

Klüpfel, Volker / Kobr, Michael *Schriftsteller, Krimiautoren* priml

Künast, Renate *Politikerin, ehem. Bundesministerin für Verbraucherschutz, Ernährung und Landwirtschaft* Schmackofatz

Kunze, Heinz Rudolf *Sänger, Schriftsteller und Dozent* besonders

L

Lanz, Markus *Moderator und Autor* Schnitzelpiste

Latif, Mojib *Klimaforscher und Meteorologe* Sonnencreme

Lebert, Benjamin *Schriftsteller* Angst

Lehmann, Karl *Bischof von Mainz, Kardinal* Zuversicht

Lieb, Klaus *Psychiater und Wissenschaftsautor* Bi der Hecken

Lippe, Jürgen von der *Entertainer, Komiker und Moderator* Aprosdokese, Malapropismus

Löw, Joachim *Trainer der deutschen Fußball-Nationalmannschaft* höchste Konzentration

M

Malton, Leslie *Schauspielerin* liebäugeln

Meine, Klaus *Sänger der Scorpions und Songwriter* Veränderung

Meyer, Kristin *Schauspielerin* grundsätzlich

Meyer, Ulrich *Journalist und Fernsehmoderator* mutterseelenallein, mühselig

Messner, Reinhold *Extrembergsteiger, Abenteurer, Buch- und Filmautor* Grenzgang

Millowitsch, Mariele *Schauspielerin* überhochmetzt

Murphy, Philip D. *Botschafter der Vereinigten Staaten in Deutschland* Doch

N

Naidoo, Xavier *Soul- und R&B-Sänger* Wortschatz

Neigel, Julia *Musikerin, Sängerin, Autorin, Produzentin* Wahrheit

Nuhr, Dieter *Kabarettist, Autor und Moderator* Kögelbrunf

O

Özdemir, Cem *Politiker, Bundesvorsitzender der Partei Bündnis 90/Die Grünen* Abitürke, Vorfahrt

P

Perlinger, Sissi *Schauspielerin und Entertainerin* schnöder Schein

Pfaff, Dieter *Schauspieler und Regisseur* Zuneigung

Pflaume, Kai *Fernsehmoderator* Videobotschaft

Pilawa, Jörg *Fernsehmoderator* Sammelsurium, Zitterschnee, Gewissvolk@dünnlauf.de, Schließlicht

Pleitgen, Ulrich *Schauspieler* Schattenmorellen

Poletto, Cornelia *Meisterköchin* krüsch

Priol, Uraban *Kabarettist* Übergangsmantel

R

Ramsauer, Peter *Politiker, Bundesminister für Verkehr, Bau und Stadtentwicklung* Musik, Subsidiarität

Richling, Mathias *Kabarettist, Parodist, Autor und Schauspieler* Selbstverstand

Riesch, Maria *Skirennläuferin* Eierschalensollbruchstellenverursacher

Rowohlt, Harry *Schriftsteller, Übersetzer, Rezitator und Schauspieler* Terminplanungsjahresübersichtswandkalender

S

Schächter, Markus *Journalist, Intendant des ZDF* Miteinander

Schätzing, Frank *Schriftsteller* Schokolade

Schäuble, Dr. Wolfgang *Politiker, Bundesminister für Finanzen* Verwegenheit

Scholze-Stubenrecht, Werner *Sprachwissenschaftler, Leiter der Dudenredaktion* Blitzgneißer

Schöneberger, Barbara *Fernsehmoderatorin, Schauspielerin und Sängerin* Nachbearbeitung

Schönenborn, Jörg *Journalist, Chefredakteur des WDR* Wählerwanderung

Schorlemmer, Friedrich *evangelischer Theologe und Bürgerrechtler* Freimut

Schröder, Kristina *Politikerin, Bundesministerin für Familie, Senioren, Frauen und Jugend* Fantasie

Schrowange, Birgit *Fernsehmoderatorin* Schlager

Sinnen, Hella von *Fernsehunterhalterin, Komikerin* Kastaniengefühle

Springer, Friede *Verlegerin* Güte

Stadtfeld, Martin *Pianist* Wehmut

Steffen, Britta *Schwimmerin* Lieblingswörter

Stratmann, Cordula *Schauspielerin, Komikerin, Moderatorin und Autorin* mitneffen

T

Topal, Murat *Komiker und Kabarettist* Schienenersatzverkehr

Trittin, Jürgen *Politiker, ehem. Bundesminister für Umwelt, Naturschutz und Reaktorsicherheit* Umweltverträglichkeitsprüfung

W

Werth, Isabell *Dressurreiterin* Hingabe

Westermann, Christine *Fernseh- und Radiomoderatorin, Journalistin und Autorin* liebenswürdig

Willemsen, Roger *Autor, Publizist, Moderator und Produzent* zungenzärtlich

Witzigmann, Eckart *Meisterkoch* Hitze

Z

Zacherl, Rolf *Meisterkoch* Goldstück

Meine ganz persönlichen Lieblingswörter

Meine ganz persönlichen Lieblingswörter